EINFACH GUT!

Nach dem Zauber des Anfangs
wartet die Fülle des Weges.

GERNOT CANDOLINI

Für Joe und alle, die auf dem Weg sind

BEATE HOFMANN

Einfach gut!

Mit Leichtigkeit erfüllter leben

Patmos Verlag

Inhalt

Kennen Sie die unglaubliche Geschichte des Monarchfalters? Der leuchtend orange-schwarze Schmetterling lebt in Nordamerika. Er besitzt eine besonders ausgebildete Flugmuskulatur und eine Art »Sehnsuchts-Code«, eine innere Lotsenfunktion, die es den Faltern ermöglicht, die unglaubliche Strecke von Kanada bis hinunter in den milden Bergwald Mexikos zu fliegen. Durch effizienten Flügelschlag und nahezu geradlinigen Flug verbraucht der Monarchfalter so wenig Energie, dass er tausende Kilometer weit fliegen kann und die lange Reise gelingt. Von wegen Traumtänzer!

Diese zielstrebige Ausdauer und die speziellen Muskeln sichern das Überleben der ganzen Schmetterlingsart. Wollen wir Menschen nicht nur überleben, sondern einfach gut leben, müssen auch wir die richtige Kombination kennen zwischen Traum und Tatkraft, zwischen Verweilen und Vorwärtsstreben, zwischen Flattern und Fliegen.

Dieses Buch bietet Ihnen Hintergrundwissen, Strategien und Haltungen an, die einem Muskeltraining für Ihre »inneren« Muskeln gleichen. Für mich ist der schlichte, kleine Schmetterling auf dem Buchcover deshalb zu einem besonderen Zeichen geworden. Ich denke an den Monarchfalter und möchte Sie ermutigen, aufzubrechen aus Stress, Perfektion oder Resignation.

Wer einmal aufgebrochen ist und sich hinaus gewagt hat, der entwickelt die Kraft, immer wieder auf die Füße zu fallen. Ich weiß, wovon ich rede. Im Sommer 2011 kam ich nach 365 Tagen Sabbatical mit meiner Familie aus der kanadischen Weite zurück nach Deutschland. Ich hatte von den Pionieren des Westens gelernt, dass man Hindernisse überwinden kann, wenn man sich von einer guten Vision hoffnungsvoll leiten lässt. Ich wusste, mit wie wenig ein Mensch glücklich sein kann und dass das Gold des Lebens nicht in der Erde zu finden ist. Immer wieder bin ich Menschen begegnet, die mir zeigten, dass es letztlich nicht darauf ankommt, was uns begegnet, sondern wie wir damit umgehen. Mit dieser Zuversicht startete ich nach unserer Rückkehr nach Deutschland neu, nahm eine Teilzeitstelle als Dozentin an einer Hochschule an und wagte parallel mit 47 Jahren gemeinsam mit meinem Mann den Sprung in die berufliche Selbstständigkeit. Wir investierten Zeit und Geld, absolvierten die University der German Speakers Association und lernten die Kunst der freien Rede. Heute sind wir das erste Ehepaar Deutschlands mit zwei Zertifikaten der Steinbeis Hochschule Berlin als Professional Speaker und wir teilen nicht nur das Bett, sondern auch gerne die Bühne.

Die meisten Menschen haben riesige Angst, eine Bühne zu betreten und öffentlich zu sprechen. Ich auch. Doch ich weiß, dass man diese Angst überwinden kann, wenn man den Sinn seines Tuns kennt.

Mit meinen Vorträgen will ich Menschen ermutigen, Verantwortung für das Gelingen des eigenen Lebens zu übernehmen. Noch viel lieber allerdings schreibe ich darüber. Denn ein Buch ist nicht so flüchtig wie eine Rede. Geschriebene Worte kann man nachlesen, bedenken, hinterfragen. Ich lade Sie ein, sich in den folgenden Kapiteln auf eine gedankliche Reise zu begeben und zu forschen, ob Sie das Leben leben, das aus Ihrer Sicht das Prädikat *erfüllt* verdient. Ich weiß: Das ist riskant – birgt es doch das Risiko, anschließend etwas verändern zu wollen.

Warum sollten Sie das tun? Weil dieses Leben einmalig ist. Weil Sie einmalig sind. Weil jedes Leben ein Geschenk ist, das wir nicht nur wertschätzen, sondern vor allem gestalten können. Weil in uns allen die Sehnsucht nach einem erfüllten Leben steckt. Diese Fülle können Sie (möglicherweise neu) in Ihrem Leben entdecken – und dies geht am besten mit Leichtigkeit. Es sind vor allem sieben Bereiche, bei denen es sich lohnt, besonders gut hinzuschauen, und wo sich schon mit kleinen Veränderungen ziemlich viel bewegen lässt. Es geht um die Entwicklung von Selbstwert, tragenden Beziehungen, die Kraft der Zuversicht, die Wirkung von Achtsamkeit, das Geheimnis von Bewegung, das Wissen um die eigenen Werte und die unmittelbare Erfahrung von Sinn.

Sie erhalten zu diesen Bereichen einen Einblick in aktuelle Erkenntnisse aus Psychologie, Soziologie, Philosophie und Medizin. Als Coach ermutige ich Sie darüber hinaus, kleine Coaching-Häppchen, ich nenne diese Rubrik »Coaching to go«, in Ihrem Alltag auszuprobieren. »Coaching to go« bedeutet nicht, dass diese Impulse schnelllebig oder zum einmaligen Gebrauch bestimmt sind. Die Anregungen laden ein, gewonnene Erkenntnisse ganz praktisch, hier und jetzt zu nutzen, um das eigene Leben in kleinen Schritten zu verändern.

Schließlich habe ich zu jedem Kapitel spannende Menschen interviewt und ihre ganz persönlichen Erkenntnisse zum jeweiligen Thema gesammelt. Denn wir lassen uns meist leichter auf etwas ein, wenn wir wissen, dass andere Menschen den Weg bereits gegangen sind und dabei gute Erfahrungen gemacht haben.

Jeder der sieben Wege zur Fülle ist ein Angebot für Sie. Nehmen Sie aus der Fülle von Anregungen und neuen Erkenntnissen das, was Ihnen gut und passend erscheint. Das andere mag einem anderen Leser, einer anderen Leserin nützlich sein. Nicht alles ist für alle gleich gut.

Ich wünsche Ihnen, dass Sie Ihre Träume und Visionen von einem guten Leben umsetzen können.

Bleiben Sie dran, so wie der Monarchfalter. Dann können Sie, wenn der Zeitpunkt gekommen ist, an dem Sie Rückschau halten, dankbar sagen: Ja, ich habe meine Flügel genutzt und die Fülle meines Lebens gelebt!

einfach
liebenswert

Mich im Spiegel sehen

Wen finden Sie richtig klasse? Gibt es eine Person, die Sie inspiriert und neugierig macht, die Sie begeistert? Was schätzen Sie an diesem Menschen ganz besonders? Und haben Sie Lust zu einem kleinen Experiment? Dann nehmen Sie jetzt einen Stift, ein leeres Blatt Papier und lassen Sie Ihren Gedanken freien Lauf. Welche Person fällt Ihnen ein und vor allem: Was fällt Ihnen zu diesem Menschen ein? Beginnen Sie bitte den ersten Satz mit dem Namen. Zum Beispiel so: X begeistert mich. Benennen Sie die Stärken, Besonderheiten, Liebenswürdigkeiten und Eigenheiten dieses Menschen. Weshalb bewundern oder schätzen Sie diese Person?

Mir wurde diese Aufgabe in meiner Coachingausbildung gestellt. Nach einigem Überlegen kamen mir zwei Frauen in den Sinn, die ich schätze und interessant finde: Margot Käßmann und Jody Malm. Die eine, Margot Käßmann, bringt als Theologin, Rednerin und Autorin ihre Aussagen pointiert auf den Punkt und scheut sich nicht, damit auch einmal unbequem zu sein. Sie hat Höhen und Tiefen durchlebt und spricht über ihre Zuversicht, die sie aus dem Glauben gewinnt. Ihr Äußeres lässt auf Geschmack und Stil schließen. Sie überzeugt mich mit dem, was sie sagt und wie sie lebt. Und ihre Lebensfreude ist deutlich spürbar. Jody Malm ist nur wenig jünger als Margot Käßmann. Sie lebt auf einer weitläufigen Ranch im Westen Kandas. Sie schätzt die Natur, die Stille und zieht daraus Lebensenergie. Oft weiß sie mehr, als man ihr sagt, denn sie spürt, wie es den Menschen um sie herum geht. Jody würde ihre Familie als großen Schatz bezeichnen. Mit ihrem Mann verbindet sie eine dreißigjährige, tiefe, liebevolle Beziehung. Jody ist spontan, warmherzig, ein wenig verrückt, zu jedem Abenteuer bereit und sie liebt einen guten Cappuccino.

Was hat das alles mit Ihnen zu tun und wozu erzähle ich Ihnen davon? Wenn Sie aufgeschrieben haben, was Sie an der von Ihnen ausgewählten Person schätzen, ersetzen Sie deren Namen durch Ihren eigenen. Lesen Sie sich dann die Zuschreibungen laut vor.

Erkennen Sie sich wieder? Als ich die Namen Margot und Jody mit Beate ausgetauscht hatte, war ich ziemlich überrascht. Ich sah Teile von mir selbst wie in einem Spiegel. Erstaunlich, was wir in diesem kleinen Experiment über uns selbst erfahren können. Etliche unserer Träume, Fähigkeiten und Lebensmotive werden damit offenkundig.

Die Psychologie erklärt dieses Phänomen damit, dass wir uns in der Regel mit Menschen umgeben oder gedanklich leiten lassen, die uns ähnlich sind. Und mit der Zeit werden wir ihnen immer ähnlicher. Es lohnt sich, mit dieser Perspektive die eigenen Freundinnen und Freunde, Bekannten und Vorbilder genauer zu betrachten. Umgeben Sie sich mit den für Sie richtigen Menschen? Wem wollen Sie ähnlich werden?

Mut zu mir selbst

Vor einigen Jahren sah ich in einem Magazin ein Foto: Drei Frauen, vermutlich zwischen fünfzig und siebzig, mit silberweißem, teils langem Haar lehnten lachend an einem verwitterten Blockhaus. Ich war fasziniert. So lebendig, echt, stark und voller Lebenskraft möchte ich später auch aussehen, nahm ich mir vor. Dieses »Später« kam schneller als gedacht. Als wir uns entschieden, als Familie gemeinsam für ein Jahr in die Wildnis Kanadas zu gehen, war mir klar, dass ich nicht am Wildbach stehen und meine Haare färben werde. Sollte ich also den Schritt wagen von den dunkelbraunen, sorgfältig getönten Haaren hin zum silbrigen Glanz, den ich bis dahin immer schon im Ansatz übertüncht hatte? Mit wem ich auch sprach, die Antworten spiegelten meine eigenen Befürchtungen: Du wirst schlagartig zehn Jahre älter aussehen.

> »Ich wollte, man finge damit an, sich selbst zu achten. Alles andere folgt daraus.«
>
> FRIEDRICH NIETZSCHE

Plötzlich stellten sich existenzielle Fragen ein: Wer bin ich? Worüber definiere ich mich? Mag ich mich so, wie ich bin? Finde ich mich liebenswert?

Äußere Attribute wie die Haarfarbe sind (ebenso wie Geld und Leistung) eine gefährlich brüchige Basis für den Selbstwert. Er ist schnell in Gefahr, wenn sich diese Bedingungen verändern. Doch es ist wirklich schwer, die Bilder, die durch Einflüsse aus der Werbung, aus Filmen oder durch die Mode geprägt werden, zu hinterfragen und dem eigenen Urteil zu trauen.

Heute bekomme ich oft Komplimente für meine Haare. Es ist die Ausstrahlung, die innere Einstellung zu mir selbst, die mich auch mit silbernen Haaren dynamisch wirken lässt. Viele Menschen sehen darin eine Echtheit, die sie anspricht. Sich lieben zu lernen und zu einer starken Persönlichkeit zu werden, gleicht einer langen Reise. Wir gehen vorwärts, verändern uns, mitunter zögernd, Schritt für Schritt. Betrachten Sie diese Reise als ein spannendes Experiment auf dem Weg zu mehr Lebensfreude und Fülle. Leben und lieben Sie los!

Mich wertschätzen

Die Erdbeertorte sieht vorzüglich aus! Ich bin eine der ersten am Kuchenbuffet. Als ich gerade ein prächtiges Stück auf der Tortenschaufel habe, hält mir der ältere Herr hinter mir seinen Kuchenteller hin und fragt:»Sind Sie so lieb und geben mir ein Stück?«Gerne erfülle ich seine Bitte. Doch ich habe nicht mit der Schlange gerechnet, die sich direkt hinter ihm gebildet hat. Stück für Stück teile ich den Kuchen aus, bis die Platte leer ist. So leer wie mein eigener Teller.

An diesem Tag habe ich begriffen, dass man für sich sorgen muss, will man vom Kuchen etwas abbekommen. Ich war sauer auf mich. Wieso habe ich mich nicht getraut, meinen eigenen Wunsch zu erfüllen und war nur für die anderen da? Wieso passiert gerade mir so etwas? Du bist einfach zu gutmütig, zu brav, zu naiv, sagt die innere Stimme. Kennen Sie diese Art der Selbstvorwürfe? Dabei ist dies eine harmlose Situation. Stellen Sie sich vor, Sie haben in einer Prüfung versagt, haben mit Ihrem Verhalten einen Familienstreit ausgelöst oder sind gar an einem Verkehrsunfall schuld.

Wer sich am Boden fühlt, der braucht nicht noch eine zusätzliche Verurteilung, sondern vor allem eine Hand, die ihm aufhilft. Und diese kann durchaus am eigenen Arm hängen. Natürlich war ich unglücklich über diese Situation. Ja, ich hätte mich klüger verhalten können. »Dumm gelaufen, aber das passiert mir kein zweites Mal«, so habe ich mich schließlich aufgemuntert.

Hinfallen, aufstehen, Krone richten – weitergehen! Ich mag diesen Satz. Die Krone ist ein herrliches Bild für den Wert, den ich habe und weder mir selbst noch anderen immer wieder beweisen muss.

Solange wir versuchen, den eigenen Wert durch unsere Leistung zu bestimmen, werden wir es schwer haben, ein gutes Selbstwertgefühl zu entwickeln. Die bekannte Psychoanalytikerin und Traumatherapeutin Luise Reddemann betont, Selbstwert entstehe aus dem Vertrauen, dass das Leben, Gott oder deine Eltern dich gewollt haben. Wenn diese Aussage Menschen hilft, aus ihren depressiven, kraftlosen Gefühlen herauszufinden, dann wird man erst recht in alltäglichen Situationen davon profitieren. Denn Selbstachtung ist der Boden, auf dem Selbstliebe gedeiht. Bei den meisten Menschen ist das ein lebenslanger Wachstumsprozess.

Charlie Chaplin, der begnadete Stummfilmkünstler, hatte allen Grund, stolz auf sich, seine Kunst und sein engagiertes Lebenswerk zu sein. Doch wie viele Menschen hatte auch Chaplin Zweifel an sich selbst und wünschte sich mehr Selbstvertrauen. Was er in seinem Leben gesucht und erkannt hat, beschreibt eine Rede, die er anlässlich seines siebzigsten Geburtstags gehalten haben soll. Ob die Rede wirklich von Chaplin stammt, darüber scheiden sich die Geister, doch der Wert dieser Worte ist unabhängig vom Autor und lädt ein, sich selbst daran zu prüfen. Ein Satz daraus lautet: »Als ich begann, mich selbst zu lieben, habe ich aufgehört, nach einem anderen Leben zu verlangen, und konnte sehen, dass alles, was mich umgab, mich einlud zu wachsen. Heute nenne ich es Reife.« Mich rühren Gedanken wie dieser an, weil ich eine Altersweisheit darin lese, die erstrebenswert ist.

»Als ich begann, mich selbst zu lieben, habe ich aufgehört, nach einem anderen Leben zu verlangen.«

CHARLIE CHAPLIN

Statt in sich zu ruhen, vergleichen sich viele Menschen mit ihren Kollegen, Freunden, Nachbarn oder Verwandten. Das passiert oft unbewusst und in Sekundenbruchteilen. Es gibt Orte, da kann man das prima studieren. Ich kenne ein Café. Die Stühle stehen dort nicht in Gruppen um die kleinen Tische, sondern in Reihen – wie im Theater. Der Weg, auf dem Menschen an diesem Café vorbeilaufen, gleicht einer Bühne oder treffender: dem Catwalk einer Modenschau. Manche Passanten sind sich dessen sehr bewusst. Gezielt setzen sie die Schritte, lässig, sich selbst darstellend. Einige Café-Besucher sitzen zu dritt am Tisch, unterhalten sich aber nicht miteinander, sondern kommentieren das Bühnenstück. Und es ist wirklich einladend, ich habe mich auch schon dabei ertappt. Wie wohltuend, wenn Menschen vorbeilaufen, denen es völlig unwichtig ist, ob ihnen jemand zuschaut und was derjenige von ihnen halten könnte. Vergleichen und Werten sind tückische Haltungen. Deshalb sagt eine alte Weisheit aus einem jüdischen Weisheitsbuch, dem Talmud: »Achte auf deine Gedanken, denn sie werden Worte. Achte auf deine Worte, denn sie werden Handlungen. Achte auf deine Handlungen, denn sie werden Gewohnheiten. Achte auf deine Gewohnheiten, denn sie werden dein Charakter. Achte auf deinen Charakter, denn er wird dein Schicksal.«

Wer bin ich?

Voraussetzung für eine gesunde Selbstachtung ist Selbsterkenntnis. Wer bin ich? Was ist mir wichtig und wofür gibt es gerade mich auf dieser Welt? Worüber definieren Sie sich? Über Ihren Status, Ihre berufliche Position, das Engagement in Netzwerken oder die Rolle in der Familie? Was bleibt, wenn Sie all dies einmal weglassen?

Wer sind Sie jenseits Ihrer Arbeit? Was macht Sie aus, wenn wir den gesellschaftlichen Status außer Acht lassen? Was fehlt Ihrer Familie, Ihren Freunden, wenn Sie nicht mehr da sind? Was sind Ihre Träume, Ihre Vorlieben, Ihre Sehnsüchte?

Menschen, die sich in seelischen Krisen, nach einem Burnout oder einer tiefen Erschöpfung nach einem kraftvollen Neubeginn sehnen, müssen bei dieser Frage beginnen: Wer bin ich? Manch einer erkennt bei der ehrlichen Analyse, dass er heute anders entscheiden oder handeln würde. »Wenn ich mein Leben noch einmal leben könnte, würde ich versuchen, mehr Fehler zu machen. Ich würde nicht so perfekt sein wollen, ich würde mich mehr entspannen. Ich wäre ein bisschen verrückter, als ich es gewesen bin. Ich würde viel weniger Dinge so ernst nehmen. Ich würde mehr riskieren, würde mehr reisen, Sonnenuntergänge betrachten ...«, schreibt die 86-jährige Nadine Stair. Hätte und würde beschreiben den Konjunktiv, die Möglichkeitsform. Doch diese Handlungen gibt es in Wirklichkeit nicht. Die Vergangenheit ist Geschichte. Was zählt ist das Heute! Darüber können wir reden und heute können wir etwas verändern.

Wir Menschen verfügen über die Kraft, unser Leben zu gestalten. Dazu müssen wir bei uns selbst beginnen und die Dinge umsetzen, die uns am Herzen liegen. Wie sehr liegen Sie sich selbst am Herzen? Können Sie mit dem Begriff der Selbstliebe, der Selbstachtung etwas anfangen?

Liebe ist für Menschen ähnlich existenziell wie das Sonnenlicht für das Wachstum von Pflanzen. »Die Liebe ist ein wesentlicher Nährstoff, den unsere Zellen unbedingt brauchen, eine wahrhaft positiv aufgeladene Verbindung zu anderen Lebewesen.«[1] Durch Liebe geschehen wunderbare Dinge in uns und mit uns. Menschen öffnen sich, haben eine intensivere Wahrnehmung für ihre Umgebung. Sie sind widerstandsfähiger in Krisen, sensibler im Umgang miteinander, glücklicher und vor allem physisch gesünder. Liebe verändert nachweisbar biochemische Stoffe in unserem Körper und erweitert vor allem durch positive Emotionen unser Blickfeld. Dadurch wird ein umfassenderes Denken möglich. Wir werden einfallsreicher, flexibler, kreativer und damit klüger. Unschwer sich vorzustellen, dass sich damit eine richtige Aufwärtsspirale, ein Sog zum Besseren im Leben der Menschen entwickelt.

Barbara Frederickson, Direktorin des Labors für Positive Emotionen und Psychophysiologie, forscht auf dem Gebiet der Positiven Psychologie. In ihrem Buch »Die Macht der Liebe« präsentiert sie aktuelle Forschungsergebnisse und revolutioniert den Blick auf das, was wir Liebe nennen, ganz erheblich. Für Frederickson ist Liebe eine Folge von kleinsten, sich wiederholenden Mikromomenten der Wärme und Verbundenheit mit sich selbst und mit anderen Menschen – jenseits von Sexualität oder verwandtschaftlichen Beziehungen. Die positiven Emotionen, welche durch diese Mikromomente hervorgerufen werden, sind Turbokräfte, die gewaltige Schubkraft und Energie im Leben und Handeln freisetzen. »Liebe ist das höchste Gefühl, durch das wir uns vollkommen lebendig fühlen – vielleicht die wichtigste emotionale Erfahrung, die wir machen können«[2], stellt Frederickson fest.

Durch Liebe geschehen wunderbare Dinge in uns und mit uns.

Selbstliebe lernen

Ist diese Liebe erlernbar? Ist es möglich, solchen Emotionen deutlich mehr Raum im Leben zu geben und wenn ja, wie gelingt das ganz praktisch? Frederickson ist mit ihrem Team an der Universität von North Carolina genau diesen Fragen auf der Spur.

Die Forscherin ist sich sicher, dass man die Fähigkeit zur Wahrnehmung von (Selbst-)Liebe und Güte schrittweise erweitern kann. In der Folge werden mehr Verbundenheit, Freude und inneres Wachstum erlebbar. Menschen, die aufmerksam für ihre Gefühle sind, werden gesünder, gelassener, zuversichtlicher und stressresistenter. Es klingt zu schön, um wahr zu sein. Kritiker wenden ein, dass diese Form der Selbstliebe eine Art rosa Brille ist, mit der man nur noch das Positive an sich wahrnimmt und die Wirklichkeit verzerrt. Mit zwei Fragen lässt sich prüfen, ob diese Gefahr besteht. Versuchen Sie zunächst, diese Fragen für sich aufrichtig zu beantworten, und stellen Sie sie dann einem Menschen, dem Sie vertrauen:

1. Entspricht das Maß an Lob, das Sie sich geben, den tatsächlichen Umständen und ist es der Realität angemessen?

2. Ignorieren oder verzerren Sie mit diesen Gedanken die Wirklichkeit?

»Denke positiv!« ist einseitig und damit als innerer Leitspruch untauglich. »Es ist, als ob Sie die schmutzige Realität des Menschseins mit einem einfachen gelben Smiley übertapezieren wollten«[3], sagt Frederickson. Als wesentlich hilfreicher erweist sich die innere Aufforderung: »Sei offen!«

Dies bedeutet, eigene Emotionen angemessen wahrzunehmen und einen bewussten Umgang damit zu üben. Wer schon einmal bei einer Party oder einem förmlichen Anlass unpassend gekleidet war, kennt das beklommene Gefühl, das sich einstellt, sobald man diesen Fehler realisiert hat. Mit drei einfachen Schritten können Sie eine solche Situation mit einer Haltung der Selbstliebe bewältigen.

1. Schritt – *wahrnehmen*: Okay, ich bin nicht so passend angezogen, wie ich es mir wünschen würde. Das macht mich unsicher im Kontakt mit den anderen.

2. Schritt – *innere Kritiker beruhigen*: Beim nächsten Mal werde ich die Einladung aufmerksamer lesen. Ja, es gibt viele Personen hier, die besser angezogen sind als ich. Aber ich werde mich nicht noch weiter kritisieren, denn damit ändere ich nichts an der Situation.

3. Schritt – *sich selbst vertrauen*: Ich sehe heute nicht so vorteilhaft aus, wie ich es mir wünsche. Doch das hat nichts mit meinem persönlichen Wert zu tun. Deshalb kann ich dennoch wunderbare Gespräche führen, die Musik genießen und mich köstlich amüsieren. Vielleicht bin ich heute der »bunte Vogel« auf der Party und gewinne Sympathien durch mein Anderssein.

Sich in dieser Situation zu trösten nach dem Motto: »Ist doch egal, was ich anziehe. Ich bin wer, gleichgültig, welche Kleidung ich trage«, ohne die eigene Verunsicherung wahrzunehmen, kann dazu führen, dass man ungewollt unnahbar oder arrogant wirkt. Die Kunst, ein stimmiges Selbstwertgefühl zu entwickeln, ist lernbar. Kristin Neff, Professorin für Psychologie und Persönlichkeitsentwicklung an der Universität von Texas in Austin, hat in ihren Forschungsarbeiten herausgefunden, dass der Selbstwert durch eine mitfühlende Selbstliebe eindeutig gestärkt wird. Selbstmitgefühl ist unabhängig von der Anerkennung anderer. Damit mindert sich die Angst zu versagen, während die Fähigkeit, stressfreier, entspannter und liebevoller zu leben, zunimmt. Dieses Selbstmitgefühl ist in buddhistisch geprägten Ländern wesentlich ausgeprägter als in unseren westlichen Leistungsgesellschaften. Eigenartig, wenn man bedenkt, dass sich die westlichen Länder in einem christlich geprägten Kulturraum befinden, dem das biblische Doppelgebot der Liebe zutiefst vertraut ist. »Liebe den Herrn, deinen Gott, von ganzem Herzen und ganzer Seele und liebe deinen Nächsten wie dich selbst«, heißt es im Matthäus-Evangelium. Die hier zitierte Übersetzung von Martin Luther rückt die Zuwendung zum anderen, zum Bedürftigen, zur Aufgabe in den Mittelpunkt. Das kann leider auch dazu motivieren, sich für andere aufzuopfern. Mein Verständnis ist ein anderes. Wer sich selbst liebt und wertschätzt, wird zu einer handlungsfähigen und liebevollen Persönlichkeit werden. Diese Liebe wendet sich von innen nach außen und drückt sich dann in Taten aus. »Gönne dich dir selbst«, empfahl Bernhard von Clairveaux schon vor 900 Jahren dem damaligen Papst Eugen III. Was gönnen Sie sich selbst, um sich zu stärken? Wissen Sie, was Ihnen guttut? Und wenn ja, wie oft setzen Sie dieses Wissen in Ihrem Alltag um?

»Gönne dich dir selbst«
BERNHARD VON CLAIRVEAUX

Ich liebe wohltuende Massagen, sitze gerne in einem Café und lasse die Seele baumeln oder ich gehe in der Natur spazieren. Meistens habe ich aber zuvor noch hundert andere Dinge zu tun und dann ist der Tag auch schon wieder um. Oft gönne ich mir zu wenig von dem, was mir guttut. Kennen Sie das auch? Dabei gibt es gute Gründe, die dafür sprechen, die Selbstliebe als Medizin zum Leben zu nutzen. »Liebe ist die aktive, positive und uneingeschränkte Zuwendung (Wachheit, Aufmerksamkeit, Achtung) für den anderen und entsprechend auch für sich selbst. Eine liebende Einstellung vermindert Kritik, Hass und vor allem Wertungen.«[4] Dies zeigt: Selbstliebe ist eine Schlüsselfähigkeit, die wir brauchen, um einfach gut zu leben.

Innere Kritiker enttarnen

Daher ist es enorm wichtig, die inneren Kritiker als Gegenspieler der Selbstliebe zu enttarnen. Innere Kritik unterspült die Selbstliebe wie Wasser den Kalkstein. Der Selbstwert wird ausgehöhlt und brüchig. »Das kannst du nicht. Du bist nicht schlank oder klug oder reich oder durchsetzungsfähig genug. Du genügst nicht«, flüstert die innere Stimme. Damit wird die Überzeugung verstärkt: »Ich bin es nicht wert, geliebt und akzeptiert zu werden.« Gute Eigenschaften werden kleingeredet, während die Schwächen wie durch ein Teleobjektiv herangezoomt und in den Mittelpunkt gestellt werden. Dabei hat jeder Mensch beides – Schwächen und auch Stärken. Doch die Sicht des objektiven Betrachters geht häufig verloren. Dann hat der unbarmherzige Kritiker in uns leichtes Spiel und legt den Finger punktgenau auf die Schwachstellen. Fatal daran ist die eigentümliche Vorstellung, dass Schwächen erst komplett beseitigt werden müssen, bevor wir bestehen können und liebenswert oder gut genug sind. »Wenn … dann« ist ein sehr schlechter Handel, denn es kommt nicht zu dem Punkt, an dem alle Vorbedingungen erfüllt sind.

Das zweite Hindernis guter Selbstliebe, die Selbstverherrlichung, eine Art überhöhte Selbstwahrnehmung, gleicht einem Schutzpanzer. Dahinter verbirgt sich meist ein negatives Selbstbild. Menschen, die sich als ganz besonders großartig, attraktiv und beachtenswert einschätzten, reagieren oft erstaunlich empfindlich auf Kritik. Denn auch hier fehlt der realistische Blick auf eigene Stärken und Schwächen.

Was aber hilft uns, unabhängiger von äußerer Anerkennung und kraftvoller im Umgang mit dem inneren Kritiker zu werden? Ein erster wichtiger Schritt ist es, kleine Erfolge wertzuschätzen und sich selbst bei dem zu ertappen, was gelungen ist. Meinen Studierenden empfehle ich, Aktion und Person getrennt zu reflektieren. Gerade wenn zum Beispiel eine Prüfung nicht so gelungen ist, wie ich es mir vorgestellt habe, kann ich mir sagen, dass ich in diesem Moment mein Bestes gegeben habe. Also bin ich gut genug, auch wenn das Ergebnis noch nicht das ist, das ich mir vorstelle. Schritt für Schritt kann ich auf dem Weg innere Antreiber enttarnen und selbst Verantwortung für mein Leben übernehmen. Wer lernt, mit sich selbst befreundet zu sein, sich zu akzeptieren, ohne sich zu verurteilen, dem öffnen sich neue Wege hin zu deutlich mehr Lebensqualität.

Wer lernt, mit sich selbst befreundet zu sein, sich zu akzeptieren, ohne sich zu verurteilen, dem öffnen sich neue Wege hin zu deutlich mehr Lebensqualität.

Barbara Frederickson hat bei ihren Forschungen über die Entwicklung von Selbstliebe die langfristige Wirkung liebevoller Gefühle untersucht. Ausgangspunkt des Experimentes war eine Gruppe von Menschen, die ihre täglichen positiven Emotionen erhöht. Diese musste mit einer Gruppe verglichen werden, die ohne diese Steigerung der Positivität lebte. Nur, wie soll das praktisch funktionieren, noch dazu unter nachvollziehbaren wissenschaftlichen Bedingungen? Klar lassen sich positive Emotionen gezielt steigern, zum Beispiel durch unerwartete Geschenke, gute Musik, leckeres Essen. Doch jeder weiß, dass man sich an Gutes ganz schnell gewöhnt. Frederickson brauchte etwas, woran man sich nicht gewöhnt, sondern was das Empfinden positiver Emotionen ganz allmählich und stetig erhöht. Eher zufällig fand sie die Lösung in einer alten Meditationsübung, die dem Buddhismus entspringt, die »Liebende Güte Meditation«. Das Forscherteam fragte sich, ob es möglich ist, mithilfe dieser mentalen Übung positive Emotionen gezielt hervorzurufen und zu steigern. Das Experiment verlief mehr als eindeutig. Frederickson stellt überrascht fest: »Wenn Menschen, denen Meditation bislang vollkommen fremd war, lernten, ihren Geist zu beruhigen und ihre Fähigkeit zur Liebe und Güte zu erweitern, verwandelten sie sich grundlegend. Sie erlebten mehr Liebe, mehr Bindung, mehr Heiterkeit, mehr Freude, mehr Vergnügen – mehr von jeder einzelnen positiven Emotion, die wir maßen.«[5] Das bedeutet nicht, dass diese Menschen in einem ständigen Glückszustand sind. Auch sie erleben Angst oder Leid, sind aber offener als vorher, Gutes und auch weniger Gutes in ihrem Leben zu akzeptieren. Entscheidend dabei ist, dass sie ihren Fokus zunehmend leichter auf das Gute lenken konnten. Ihre Verbundenheit zu anderen und zu sich selbst stieg signifikant. Mit ihrer Forschung und diesem Experiment zeigt Frederickson einen Weg auf, den Religionen schon lange kennen. Doch auch jenseits von Glaubensinhalten liegt darin eine Möglichkeit, die Fähigkeit zur Selbstliebe wirksam zu stärken.

Ich persönlich schätze eine Segensbitte aus dem biblischen Alten Testament, die sich ebenfalls sehr gut für eine derartige Meditation eignet. »Segne mich, ach, segne mich und erweitere mein Gebiet. Lass deine Hand mit mir sein und halte Schmerz und Unglück fern von mir« (1. Buch der Chronik 4,9-10). Auch hier geht es darum, den Blick auf das Gute zu richten, das es in meinem Leben und Handeln bereits gibt. Die Überzeugung, dass ich es wert bin, gesegnet zu werden, ist eine Haltung der Selbstannahme und Demut. Die Bitte um Erweiterung des Lebensraumes zeigt die Bereitschaft zur Entwicklung und die Sehnsucht nach einer Ausweitung meiner Lebens- und Handlungsmuster. Ich vertraue mich dabei der göttlichen Weisheit an. Schließlich wird die Sehnsucht nach Sicherheit und Gottes tröstender Nähe in allen Schritten meiner Entwicklung in die Worte gefasst: »Lass deine Hand mit mir sein.« Abschließend wird der Schmerz thematisiert. Mit der Bitte um Lebensglück bei allem Kummer wird das Schwere benannt und das Leben unter ein gutes Vorzeichen gestellt. Die Hoffnung auf Gottes Nähe gibt Kraft. Für Menschen, die um Kraft für eigene Lebensentscheidungen bitten und fürsorglich mit sich umgehen wollen, kann dieser uralte Segen zur Hilfe werden.

Wer mit Leichtigkeit erfüllter leben möchte, der darf sich Kraft erbitten und muss mitfühlend mit sich selbst umgehen. Allerdings darf er nie aufhören zu fragen: Wer bin ich und was will ich wirklich?

Übrigens gab es neulich auf einem Fest eine leckere Erdbeertorte. Als ich mir ein Stück nehmen wollte, fragte mich jemand, ob ich ihm auch eines geben könnte. »Natürlich, gerne. Kleinen Moment«, habe ich gesagt. Dann habe ich das Stück auf meinen Teller gelegt, diesen zur Seite gestellt und sehr entspannt den Rest der Torte an andere Gäste ausgeteilt. Sie hat übrigens köstlich geschmeckt.

Coaching to go

Werden Sie täglich liebevoller

Die Übung der liebenden Güte unterstützt Sie dabei, sich selbst mehr und mehr anzunehmen und sich mit anderen positiv verbunden zu fühlen. Probieren Sie es einmal für vier Wochen aus! Finden Sie möglichst täglich zu einer festen Zeit fünf bis zehn Minuten, um diese einfache Meditationsübung umzusetzen. Suchen Sie einen ungestörten Platz, um in Stille zu sitzen und ihrem Atem zu folgen. Betrachten Sie sich wohlwollend aus der Perspektive einer guten Freundin. Nehmen Sie das rhythmische Pulsieren Ihres Herzens wahr und formulieren Sie in Gedanken sehr bewusst für sich die folgenden guten Wünsche:

Möge ich mich sicher fühlen.
Möge ich mich glücklich fühlen.
Möge ich mich gesund fühlen
Möge ich mich mit Leichtigkeit wohlfühlen.

Führen Sie in dieser Zeit ein kleines Notizbuch, in das Sie aufschreiben, was sich in Ihrer Wahrnehmung verändert. Entscheiden Sie nach vier Wochen, ob Sie das Experiment als nützlich für sich erlebt haben und fortführen, verändern oder beenden möchten.

Sagen Sie öfter Ja

Wer ein Ja zu sich selbst findet, kann entspannter mit den eigenen Fehlern umgehen und muss sich nicht unnötig kritisieren. Fehler sollten Sie sich mit einem inneren Ja eingestehen. Lässt sich aus der Situation etwas lernen? Gehen Sie mit einer wohlwollenden Haltung in Selbst- und Fremdgespräche. Sagen Sie öfter »Ja, klar« statt »Ja, aber«. Veränderungen geschehen deutlich leichter aus der Akzeptanz heraus als aus der Kritik.

Gönnen Sie sich Gutes

Legen Sie eine Liste an mit 15 Möglichkeiten, sich Gutes zu tun. Notieren Sie Dinge, die Ihr Wohlbefinden steigern und die etwas Besonderes sind, z. B. ein bestimmtes Musikstück hören, sich ungestört an einen Lieblingsplatz zurückziehen, etwas Leckeres essen, jemanden anrufen, eine Massage bekommen, den Sonnenuntergang beobachten oder im Natursee schwimmen gehen. Auf diese Liste können Sie immer zugreifen, wenn Sie sich stärken oder belohnen wollen.

Nehmen Sie sich Zeit für sich

Nehmen Sie sich selbst wichtig und gönnen Sie sich dafür Zeit. Das passiert nicht von allein, also greifen Sie in die Trickkiste und reservieren Sie in Ihrem Zeitplan einmal pro Woche eine Stunde, einen Termin mit sich. Klingt komisch, ist aber extrem hilfreich!
Dann stellen Sie sich in einem schönen Café, einer Bar oder auf einer Parkbank sitzend ganz ehrlich folgenden Fragen:

▸ Wie geht es mir momentan?
▸ Welche Menschen, Tätigkeiten, Momente geben mir aktuell Kraft?
▸ Wer oder was raubt mir Kraft und wie will ich damit umgehen?

Mut zum Ich

Ich habe Katja Kruckebergs erfrischend lockeres und sehr kompetent geschriebenes Buch über Coaching unter Freundinnen gelesen. Dabei coacht sie eigentlich eher Profis in Bezug auf deren Selbstwert und Wirksamkeit. Offensichtlich beherrscht sie beide Bereiche. Mich interessiert, wie eine Frau wie sie ihr Wissen praktisch umsetzt und was man von ihr über Selbstliebe lernen kann.

»Heute bin ich total übernächtigt«, entschuldigt sie sich und lacht. Es sind nur Jogger oder Hundebesitzer unterwegs, als wir uns an einem Samstagmorgen im Juni auf dem Neroberg, einer grünen Idylle mit Blick über Wiesbaden zum Interview treffen. Dr. Katja Kruckeberg, Management-Trainerin, Führungskräfte-Coach und gefragte Autorin, sitzt mir in Jeans, die langen, braunen Haare im Nacken hochgebunden, voller Aufmerksamkeit gegenüber. Ihr steckt keine Partynacht, sondern eine durchwachte Nacht mit ihrer kleinen Tochter in den Knochen. Ich erlebe Katja Kruckeberg als unkonventionell, sehr persönlich und dennoch zutiefst professionell. »Ich habe derzeit zu viele Bälle in der Luft«, sagt sie über die herausfordernde Lebenssituation, die sie gerade zu bewältigen hat. Es macht sie echt und unverwechselbar. Im Gespräch wird schnell klar, dass es auch für einen Profi im Thema Persönlichkeitsentwicklung eine Aufgabe ist, das eigene Wissen ins praktische Leben zu übertragen.

Frau Kruckeberg, viele Menschen kennen sich selbst am allerwenigsten. Doch wer sich selbst kennt, mag und vertraut, hat enorme Kraft. Was mögen Sie an sich selbst besonders?

Mein Wunsch ist, dass sich Menschen nach einer Begegnung mit mir besser fühlen. Das gelingt mir oft recht gut und dann bin ich auch mit mir zufrieden. Ich bin ein sehr empathischer Mensch. Ich kann, wenn ich es mir vornehme, gut zuhören und dadurch anderen Menschen Gutes tun. Zudem mag ich, dass ich körperlich viel in Bewegung bin. Früher habe ich viel Sport gemacht – Leichtathletik, Skaten, Radfahren. Heute habe ich dafür nicht immer genug Zeit, doch Bewegung ist eine meiner Kraftressourcen. Damit gewinne ich Zufriedenheit und Ausgeglichenheit.

Katja Kruckeberg
Tausche Abendessen gegen Coaching
40 motivierende Ideen für Gespräche unter Freundinnen
München 2013

Erfrischend und praktisch überträgt Katja Kruckeberg Coachingkenntnisse aus dem Geschäftsbereich auf das persönliche Gespräch zwischen Freundinnen. So lässt sich spielerisch der Selbstwert stärken.

Beruflich habe ich das große Glück, genau das machen zu können, worin ich stark bin. Im Training oder Coaching teile ich mein Wissen, meine Intelligenz und ein Stück weit auch mein Herz mit anderen, um eine gute Atmosphäre zu schaffen, in der sich andere weiterentwickeln und ihre Ziele erreichen können.
Außerdem ist mir Humor sehr wichtig. Humor erleichtert vieles im Umgang mit anderen Menschen. Bei meinen Vorträgen wird immer viel gelacht. Das tut gut. Mir und den Menschen mit denen ich arbeite.

Sie haben eine fünfjährige Tochter, arbeiten selbstständig und führen ein florierendes Unternehmen. Welche Zeiten empfinden Sie persönlich als »Ich-Zeit« und wie gestalten Sie diese?

»Ich-Zeit« ist für mich die Zeit, in der ich glücklich bin. Dafür brauche ich nicht allein zu sein. Die Zeit mit meiner Tochter empfinde ich als wichtigste Zeit in meinem Leben. Anders als früher kann ich mittlerweile sehr gut Nein sagen. Das hängt damit zusammen, dass ich mich regelmäßig frage, was mir wirklich wichtig ist im Leben und im Job. Für diese Dinge nehme ich mir dann die Zeit und das wiederum macht mich insgesamt zufriedener.

Wie beantworten Sie spontan die Frage: Wer bin ich? Und zwar jenseits von Status und Beruf.

Ich bin ein sehr emotionaler Mensch. Mache mir sehr viel Gedanken um das Wohlergehen anderer. Vor allem bin ich eine Mutter, die ihrem Kind eine schöne Kindheit ermöglichen möchte, die arbeitet, Geld verdient, sich beruflich entwickelt. Ich habe ein großes Bewusstsein für die Endlichkeit unserer Zeit. Vieles was ich tue, relativiert sich dadurch.

Viele Menschen begrenzen sich selbst mit abwertenden Gedanken. Welchen Tipp haben Sie, wie man besser mit seinen inneren Kritikern umgehen kann?

Es kann befreien, wenn man sich auf seine Stärken konzentriert. Die innere Kritik hat oft mit dem Anspruch zu tun, einem vorgefassten Bild zu entsprechen oder perfekt agieren zu wollen. Perfektionismus ist Luxus. Der Preis dafür ist ziemlich hoch, denn man blockiert sich selbst. Will und kann ich mir das leisten? Ich rate, mehr Gedanken auf das Gute zu verwenden. Besinnen Sie sich auf das, was Ihnen leicht fällt, was Ihnen gelingt. Feiern Sie kleine Schritte und Erfolge. Schauen Sie auf sich selbst und kümmern Sie sich darum, dass die Situationen, in denen Sie mit Ihren Stärken arbeiten können, immer zahlreicher werden.

Sie haben viel Erfahrung im professionellen Begleiten von Führungskräften. Welche Rolle spielt die Selbstliebe in diesem Bereich?

Selbstliebe und Selbstachtung sind entscheidende Kompetenzen für Führungskräfte. Sie befähigen zu verbesserten zwischenmenschlichen

Beziehungen. Wer sich selbst liebt, ist in der Lage zu reflektieren, ohne sich oder andere abzuwerten. Solche Personen stellen sich nicht über andere, sondern können in Resonanz gehen. Damit verhelfen sie Menschen und einem Team zu wahren, stärkenden Beziehungen. Das ist ein echter Segen – nicht nur für den Einzelnen, sondern für die ganze Führungsebene und letztlich für die Firma.

Barbara Frederickson als Vertreterin der Positiven Psychologie und zahlreiche Vertreter der Neurowissenschaften empfehlen die Meditation als Schlüssel zur Selbstwahrnehmung. Wie kann man Menschen unterstützen, sich darauf einzulassen, wenn sie eher kopfgesteuert sind?

Unser Planet wäre besser, wenn wir alle Zugang zu einer guten Meditationspraxis hätten. (lacht) Die Erfahrung vieler meiner Klienten ist jedoch, dass Meditation auch Frustration schaffen kann. Es ist nicht jedermanns Sache, sich in Stille zu fokussieren. Ich vertrete die Meinung: »Viele Wege führen nach Rom.« Es gibt verschieden Wege, ein Ziel zu erreichen. Auch ein Spaziergang, langsames Joggen, kreatives Malen oder Klettern sind Möglichkeiten, sich selbst zu begegnen. In meinen Management-Trainings arbeite ich mit Profis aus dem Thai-Chi-Bereich. Der Yang-Style ist eine aktive Form dieser sportlichen Achtsamkeitsübung und ermöglicht Menschen ebenfalls ein Gefühl der Harmonie. Es geht darum, ganz bei sich zu sein.
Letztlich ist es das Ziel, ganz im Moment zu sein und innere Ruhe zu finden. Ich ermutige Menschen dazu, ein Angebot zu finden, das sie tatsächlich umsetzen können, das zu ihrer Persönlichkeit passt. Denn nur dann nützt es wirklich.

Gibt es einen praktischen Tipp, den Sie zum Thema Selbstwahrnehmung/ Selbstliebe für ein Coaching unter Freundinnen geben können?

Unterlassen Sie bitte jedes unerbetene Psychologisieren oder Coachen – und sei es noch so gut gemeint. Mich macht das fertig, wenn Kollegen mich ungefragt coachen wollen, wenn ich vielleicht gerade einfach mal nicht-lösungsorientiert jammern oder trauern möchte. Coaching muss, wenn es nützen soll, immer angefragt sein. Nutzen Sie das »Momo-Prinzip«, das ich in meinem Buch »Tausche Abendessen gegen Coaching« vorstelle. Es geht darum, tief zuzuhören, Verständnis zu zeigen und positive Fragen zu stellen.

Wer ein Coaching unter Freundinnen praktizieren will, der sollte drei Schritte befolgen:

1. Verabreden Sie sich bewusst für das Coaching und legen Sie ein Zeitfenster für das Gespräch fest.

2. Machen Sie sich bewusst, dass Sie einer anderen Person mit dem Coachen ein Geschenk machen. Das heißt, diese Person steht im Mittelpunkt. Es geht also nicht um Sie und Ihre eigenen Erfahrungen.

3. Versuchen Sie Fragen zu stellen, die nicht Ihrem eigenen Informationsbedürfnis dienen, sondern der anderen Person helfen, über neue Perspektiven und Aspekte nachzudenken.

Auf diese Art werden Sie ein wunderbares Gespräch führen.

Haben Sie eine Erkenntnis als Coach, Geschäftsfrau und Mutter, die Sie wesentlich finden?

Die größte Form des Respekts, die wir uns gegenseitig entgegenbringen können, ist, sich gegenseitig weniger zu bewerten.

Dr. Katja Kruckeberg ist Organisationspsychologin und gründete 2008 ihr Beratungsunternehmen Katja Kruckeberg Consulting. Sie berät weltweit Führungskräfte aus allen Branchen und hält Vorträge.

einfach beziehungsstark

Sich stärken lassen

Wie habe ich mich auf diesen Urlaub gefreut! Pfingstferien in Pollença, einem kleinen, verträumten Ort im Norden Mallorcas. Morgens auf der Finca einen Espresso im Korbstuhl am Pool trinken. Dann mit dem Rad in den Ort fahren, durch enge Gassen bummeln und frisches Gemüse auf dem Markt kaufen. Die 365 flachen Stufen zum Kalvarienberg hinaufsteigen und den Blick auf das blau schimmernde Meer genießen. Nachmittags am Strand liegen und genüsslich ein Buch lesen. Herrlich!

Endlich der erste Ferientag. Nach einem kurzen Flug landeten wir bei strahlendem Sonnenschein in einer anderen Welt – relaxt, sehr quirlig, spanisch temperamentvoll. Alles war so, wie ich es mir vorgestellt hatte. Schon eine Stunde nach der Ankunft saßen wir unter Palmen im Café, nippten am Cappuccino und streckten die Füße in den Sand. Da passierte es: urplötzlich türmten sich dicke, grauschwarze Wolken am Gebirgsrand auf. Dumpf grollte der Donner. Wir zogen uns entspannt in unser Ferienhaus zurück. Kann ja mal passieren, so ein Gewitter. Ich bin Optimistin. Das Trommeln des Regens an den Fensterscheiben am Abend war dann auch eher gemütlich als störend. Doch als am nächsten Morgen die Berge vor lauter Wolken kaum zu sehen waren und der Landregen nicht die kleinste Pause machte, wackelte meine Stimmung dann doch. Ich erspare Ihnen eine ausführlichere Beschreibung und mir die detaillierte Erinnerung, aber die nächsten vier Tage waren schrecklich. Weniger wegen des Regens, der durch die Decke tropfte und unsere Betten klamm machte. Das eigentliche Drama war meine Stimmung. Wieso muss sich ausgerechnet während unseres Urlaubs über der Sonneninsel ein Mittelmeertief einnisten? Ich war ungehalten, unausgeglichen und voller Selbstmitleid. Und das wurde beim Blick auf die Titelblätter der deutschen Zeitungen, die es in jedem Café und Kiosk gab, nicht besser: »Deutschland stöhnt unter der Jahrhunderthitze«, »Pfingsten bei 30 Grad im Biergarten«. Überflüssig zu erwähnen, dass meine Laune dadurch ins Bodenlose fiel. Wäre ich allein gewesen, ich hätte frustriert die Koffer gepackt. Doch ich war nicht allein und das war mein Glück.

Die Kinder staunten, ihre Mutter so deprimiert zu sehen. Sie fanden die Pfützen und die überschwemmten Straßen recht lustig. Also platschten sie zum Bäcker und organisierten frische Croissants. Mein Mann, der Held, versuchte im offenen Kamin unseres Hauses ein Feuer zu entzünden. In Anbetracht des feuchten Holzes war es eine erstaunliche Leistung, dass schließlich die Flammen knisternd am Holz fraßen. Mann und Kinder taten alles, um mir zu helfen, mein Gleichgewicht wieder zu finden. Kein Vorwurf, ich sei selbst schuld an meinen idealisierten Urlaubsfantasien. Keiner ließ sich von mir anstecken, über das Wetter zu jammern. Als der Regen nach vier Tagen schließlich aufhörte, fand auch ich zurück zu Wanderlust und Lebensfreude, obwohl die Sonne auch weiterhin nur mäßig schien.

Ich habe erfahren, wie gut es ist, wenn Menschen mir Brücken bauen, statt mich zu kritisieren. Dafür bin ich meiner Familie von Herzen dankbar. Es tut gut, Ärger, Angst, Sorgen, aber auch tiefe Freude zu

Es ist erstaunlich, wie ermutigend ein wertschätzendes Wort, ein ehrlicher Dank und eine aufrichtige Meinung von nahestehenden Personen wirkt.

teilen. Wir brauchen Mit-Menschen: Familie, Freundinnen und Freunde, Partner, Vertraute.

Sie können uns stark machen durch den Rückhalt, den sie uns bieten. Es ist erstaunlich, wie ermutigend ein wertschätzendes Wort, ein ehrlicher Dank und eine aufrichtige Meinung von nahestehenden Personen wirkt. Umso tragischer, wenn das Gute, das Menschen einander sagen können, viel zu selten oder viel zu spät gesagt wird – am Grab zum Beispiel. Genau diese Beobachtung greift der amerikanische Autor Mitch Albom in seinem Roman »Dienstags bei Morrie« auf. Morrie ist der Name seines Protagonisten, ein humorvoller, kluger, allerdings sterbenskranker alter Professor.

Mitch Albom
Dienstags bei Morrie
Die Lehre eines Lebens
München 39²2002

Ein kleines Taschenbuch, das schnell gelesen ist. Im Anschluss sich unbedingt bei einer Tasse Tee oder einem Glas Wein mit Freunden darüber austauschen.

Morrie kommt eines Tages deprimiert von der Beerdigung eines Kollegen heim, der plötzlich an einem Herzanfall starb, und sagt: »Was für eine Verschwendung. All diese Leute, die all diese wunderbaren Dinge sagen, und Irv hat nichts davon hören können.« Daraufhin hat Morrie die Idee, eine »lebendige Beerdigung« für sich zu feiern. Es wird ein Fest der Begegnung mit guten Freunden, bei dem jeder erzählt, was ihn mit Morrie verbindet und was er an ihm schätzt. »Morrie weinte und lachte mit ihnen. Und all jene tiefen Gefühle, die wir denen gegenüber, die wir lieben, niemals äußern, brachte Morrie an jenem Tag zum Ausdruck.«[6] Mich inspiriert der alte Professor Morrie. Ich möchte von ihm lernen. Nicht nur, dass ich dankbar für Menschen bin, die mir nahe sind, sondern vor allem, dass ich ihnen bewusst sage oder aufschreibe, was sie mir bedeuten. Ich will damit nicht auf den besten Moment warten. Vielleicht kommt der ja nie.

Beziehungsweise – vom Ich zum Du

Gute Freunde, tragende Beziehungen, aufmerksame Mitmenschen bereichern das Leben des Einzelnen. Martin Buber beschreibt dies aus philosophischer Perspektive: An einem zugewandten Du kann sich der Mensch selbst neu entdecken und dadurch ein Stück mehr zum Ich werden. Der Religionsphilosoph Buber wurde als kleines Kind von seiner Mutter verlassen und von den Großeltern aufgezogen. Statt Begegnung spricht er in seiner Biografie von der Erfahrung der »Ver-Gegnung«. Der andere entzieht sich der Begegnung. Wie schmerzhaft das sein muss, lässt sich nur erahnen. Sein Leben lang beschäftigt sich Buber mit dem Thema der Begegnung. Er prägte den viel zitierten Satz: »Der Mensch wird am Du zum Ich.«

»Alles wirkliche Leben ist Begegnung.«

MARTIN BUBER

Familie ist etwas Gegebenes, während Freunde bewusst ausgesucht werden. Wenn das Du so bedeutsam ist, dann stellt sich die Frage, wie lässt sich das familiäre Beziehungsnetz um den Kreis von Freunden erweitern. Wo und wie finden sich gute Freunde?

Mitunter sind es eher zufällige Rahmenbedingungen, die den Beginn einer freundschaftlichen Beziehung ermöglichen. Die Schauspieler George Clooney und Brad Pitt beispielsweise kamen sich nahe, weil sie zufällig im gleichen Film spielten und über Wochen gemeinsam arbeiten mussten. Damit sind sie ein treffendes Beispiel für die Erkenntnis aktueller Forschungen. Diese besagen, dass Freundschaft oft durch physische Nähe entsteht. Zwei Menschen besuchen zufällig den gleichen Kindergarten, die gleiche Tagung, sitzen im Flugzeug oder auf dem Spielplatz nebeneinander. Hinzu kommt der Sympathiefaktor, ein Gefühl persönlicher Nähe, ausgelöst von Ähnlichkeiten, die wir im anderen entdecken. Wissenschaftler würden sagen, dass wir Ähnlichkeiten im anderen nicht erkennen, sondern vor allem annehmen. Bei einer Untersuchung unter Studienanfängern, die zufällig in der ersten Vorlesung eines Semesters nebeneinander saßen, stellte sich heraus, dass diese auch ein Jahr später noch stärker miteinander befreundet waren, als entfernter sitzende Kommilitonen. Unter Stress, in unbekannter Umgebung, in neuen beruflichen Konstellationen spielt diese physische Nähe offensichtlich eine Rolle bei der Bildung von Freundschaften.

Prüfen Sie einmal gedanklich Ihr Freundesnetz. Gibt es alte Schul- oder Studienfreunde darunter? Können Sie sich noch erinnern, wie Ihre Freundschaft begonnen hat? Waren Sie sich körperlich, räumlich besonders nahe? Wenn dies das Entstehen der Freundschaft gefördert hat, wie hat sich diese Beziehung dann weiter entwickelt? Was schätzen Sie heute an dieser Freundin, diesem Freund? Bietet diese Freundschaft zum Beispiel einen Hafen, in dem Sie emotional Ruhe im Sturm der Herausforderungen Ihres Lebens finden?

Oft versprechen wir uns von Freunden einen Nutzen. Im Stillen, häufig unbewusst, fragen wir uns: »Ist das eine Person, die mir Halt geben kann? Wird sie mich emotional stützen oder auffangen, wenn ich Sorgen habe?« Extrovertierte, zuversichtliche Menschen, die andere mitreißen oder aufheitern, erregen schneller Aufmerksamkeit und geraten dadurch rasch auf die Auswahlliste potenzieller Freunde. Aber auch ein Wissensvorsprung, vielfältige soziale Netzwerke oder psychische Stabilität sind Elemente, die für die eigene Situation bereichernd sein können. Wir wählen potenzielle Freunde gerne nach Ähnlichkeiten und Nutzwert aus. Das klingt berechnend, ist allerdings evolutionär betrachtet ganz normal. Sich mit anderen Menschen zu verbünden war immer schon ein Mittel, um Situationen zu bewältigen, die für einen Mensch allein zu schwierig sind. Je vertrauter wir uns in einer Beziehung sind und je mehr Erlebnisse wir

Soziale Nähe macht zufriedener, stärkt das Immunsystem und mindert psychische Belastungen.

geteilt oder bewältigt haben, desto intensiver wird die Freundschaft. Bei Freundschaften geht es nicht um die Anzahl der Freunde, sondern um die Qualität des Miteinander. Gute Freunde treffen wir nach langer Zeit wieder und können fast nahtlos an Gesprächsthemen anknüpfen. Ihre Meinung und Fragen sind uns extrem wichtig. Vertraute Freunde tun gut. Umfragen und Studien zeigen, dass solche Freunde unser Selbstbewusstsein stärken. Ihre Nähe mindert nachweislich Angst und Stress. In Krisen suchen Menschen bevorzugt nach Nähe. Wenn wir diese finden, belohnt uns unser Gehirn mit der Ausschüttung von Oxytocin. Dieses Hormon löst Ängste, entspannt und ermöglicht Vertrauen. Sicher kennen auch Sie das gute Gefühl, wenn Sie aufmunternd gestreichelt, fest umarmt oder beruhigend an den Schultern massiert werden. Dann entspannt sich unser Körper, dank des Menschen, der es gut mit uns meint, und dank des Oxytocins. Das erlebt das kleine Kind, das nach dem Fahrradsturz tröstend in den Arm genommen wird, genauso wie der Student, dem die Kommilitonen vor der Prüfung stärkend die Hand auf die Schulter legen. In beiden Situationen wird Angst reduziert und Vertrauen aufgebaut. »10 Minuten an meiner Seite, schützt ein Freund mich über eine Stunde wirksam vor Stress«[7] , sagt Markus Heinrichs, Psychologieprofessor aus Freiburg. Mitgefühl, ehrliche Rückmeldung, und das Zusammensein mit einem Menschen, der uns mag, schützen vor negativen Gedankenspiralen. So ein Gegenüber ist wie ein Spiegel, in dem wir uns selbst sehen. Dadurch kann man sich wieder spüren und den Mut entwickeln, Krisen aktiv zu bewältigen. Soziale Nähe macht zufriedener, stärkt das Immunsystem und mindert psychische Belastungen. Kurzum, sie macht gesund. Therapeuten sprechen von der »Heilkraft des Du« und ermuntern Patienten, gezielt Freundschaften zu pflegen oder aufzubauen, um sich damit zu stärken. Dabei gilt der alte Satz aus dem Poesiealbum: »Sei du selbst der Freund, den du dir wünschst.« Wer sich über mangelnde Nähe oder unzuverlässige Freunde beklagt, der muss sich fragen, ob das nur an den anderen liegt und welche Rolle er selbst dabei spielt.

Freunde finden und behalten

Es ist heute keineswegs leicht, soziale Nähe aufzubauen und vor allem diese zu halten. Die Arbeit und mit ihr unsere Lebenskonzepte werden flexibler. Nicht nur von Führungskräften großer Konzerne wird erwartet, dass sie Jobs im Ausland oder in anderen Regionen annehmen. Viele Fachkräfte pendeln am Wochenende zwischen Wohnort und Arbeitsstätte. Diese Flexibilität führt mit der Zeit zu einem unterschwelligen Dauerstress, bei dem man weniger Zeit oder Muße zur Pflege von Freundschaften aufbringt. Durchschnittlich alle sieben Jahre verlieren wir die Hälfte unserer Freunde und ersetzen sie durch neue. Kontakte beschränken sich zeitweise auf SMS, E-Mails oder ein »like« bei Facebook. Unbestritten hilft dies, den Kontakt nicht abreißen zu lassen und ist einfach umzusetzen. Virtuelle Kontakte sind unabhängig von der Anwesenheit des anderen oder dessen Zeitplänen. Allerdings wird die Beziehung dadurch verändert. Gerade die wohltuende körperliche Nähe, die Mimik, der Augenkontakt und die Stimme fehlen beim Gespräch. Das wird aktuell ziemlich kontrovers diskutiert. Während die einen begeistert davon schwärmen, wie man über elektronische Medien räumliche Ferne überbrücken kann und auch mit fremden Menschen schnell und unkompliziert Netzwerke aufbaut, sehen andere darin den schleichenden Zusammenbruch sozialer Beziehungen.

Prüfen Sie einmal Ihre freundschaftlichen Beziehungen. Wen rufen Sie direkt an? Mit wem treffen Sie sich gerne? Schreiben Sie eher eine Statusmeldung auf Facebook oder nehmen Sie persönlichen Kontakt auf – und warum? Nur wir selbst können letztlich entscheiden, wieviel Zeit wir uns für welche Freunde nehmen und wer uns in welcher Nähe wirklich guttut. Die Journalistin Susanne Lang hat kürzlich eine »Kulturgeschichte der Freundschaft« geschrieben. Sie stellt fest, dass Freunde für viele Menschen zunehmend wichtiger sind als ihre Familie. Dabei darf man allerdings nicht schlechte Familienbande mit besten Freunden vergleichen. Susanne Lang sagte in einem Gespräch mit Reinhold Beckmann: »Die wesentlichen Regeln für eine gute Freundschaft sind: sich Zeit für die Freunde zu nehmen, Vertrauen zu schenken und Anvertrautes zu bewahren«. Ich bin davon überzeugt, das gleiche gilt für Beziehungen in Familie und Partnerschaft.

Wer in stabilen, wohltuenden Bindungen lebt, hat eine um 50% höhere Chance, länger zu leben als Personen, denen der soziale Rückhalt fehlt. Das jedenfalls ist das Ergebnis einer groß angelegten Studie mit 300 000 Personen, deren soziales Leben und Gesundheitszustand über acht Jahre hinweg systematisch dokumentiert wurde. Diese Untersuchung der amerikanischen Brigham Young University in Utah stellt abschließend fest, dass fehlende soziale Unterstützung ebenso schädlich ist wie täglich 15 Zigaretten zu rauchen, sich zu wenig zu bewegen oder übergewichtig zu sein. Gute Beziehungen halten gesund. Oder andersherum: Sie können sich einige »Laster« leisten, solange Sie wirklich gute Beziehungen haben.

Wer sich jetzt etwas beklommen nach dem eigenen Beziehungskonto fragt, der muss nicht verzagen. Beziehungsstärke lässt sich steigern. Ein Schlüssel dazu ist, mit sich selbst befreundet zu sein. Viele Erkenntnisse zu diesem Thema haben Sie bereits im ersten Kapitel gelesen. Ich weiß, sich selbst auszuhalten, mitfühlend wie ein guter Freund mit eigenen Schwächen umzugehen, das ist leicht geschrieben und an manchen Tagen schwer umzusetzen. Ich kenne Momente in meinem Leben, wie damals

Wer in stabilen, wohltuenden Bindungen lebt, hat eine um 50% höhere Chance, länger zu leben als Personen, denen der soziale Rückhalt fehlt.

auf Mallorca, da ruhe ich eben nicht in mir, sondern bin fragend, klagend, durcheinander. Dann bin ich nicht beziehungsstark, denn in solchen Zeiten reagiere ich gereizt. Meine Geduld ist schnell zu Ende, ich kann mich nur schwer auf andere Themen und andere Menschen einlassen. Meistens hilft mir schon etwas Abstand, ein Spaziergang, tief durchatmen, eine gute Musik hören, eine Mini-Auszeit, um entspannter mit der Situation umzugehen. Dann stellen sich Zuwendung und Respekt vor dem anderen viel leichter wieder ein. Menschen werden beziehungsfähiger, einfühlsamer und toleranter, wenn sie mit sich selbst im Reinen sind. Wer seine Stärken, aber auch Schwächen kennt, sich selbst mitfühlend begegnet, den Mut hat, Fehler offen zuzugeben, und bereit ist, sich bei anderen zu entschuldigen, trägt wesentlich zu einer guten Gemeinschaft bei. Diese Erkenntnis habe ich aus dem Kloster Münsterschwarzach mitgebracht, wo ich mehrfach einige Tage zu Gast war. 90 höchst unterschiedliche Männer leben dort in einer Gemeinschaft nach den 1400 Jahre alten Regeln des Heiligen Benedikt von Nursia. Oft habe ich mich gefragt, wie es die jungen und älteren Mönche schaffen, Tag für Tag in dieser Nähe zu leben. Sie essen, wohnen, beten und arbeiten miteinander bei minimalem persönlichen Rückzugsraum. Die Brüder beschönigen nicht, dass es auch unter Mönchen Ärger, Streit oder Missgunst gibt. Im 72. Kapitel der benediktinischen Regel heißt es: »Sie (die Mönche) sollen einander in gegenseitiger Achtung zuvorkommen, ihre körperlichen und charakterlichen Schwächen sollen sie mit unerschöpflicher Geduld ertragen ...« Klar, dass es mühsam ist, sich täglich Konflikten zu stellen. Doch nur so kann es funktionieren, haben Schwache in der Gemeinschaft eine Chance, werden Kompromisse ausgehandelt und umgesetzt. Es ist die Aufgabe jedes Einzelnen, dass das Miteinander gelingt. Ein in sich selbst ruhender Mensch ist ein Segen für eine Gemeinschaft, denn er bindet andere nicht an sich, sagen die Mönche. Ich übersetze es so: Wer sich selbst aushält, der kann auch andere aushalten.

Ein Geheimnis gelingender Beziehungen

Wenn Beziehungsfähigkeit ihre Wurzeln zutiefst in uns selbst hat, dann ist es extrem wichtig, sich und die eigenen Werte zu kennen und diese aktiv zu leben. Letztlich ist das große Geheimnis gelingender

Beziehungen die Erkenntnis, dass ich nur mich selbst, nicht aber den anderen ändern kann. Dazu ist es wichtig, eigene Lebensmotive und individuelle Werte aufzuspüren, um sich diese bewusst zu machen. Erst danach kann man prüfen, ob ein Änderungsbedarf überhaupt besteht. Mehr dazu im sechsten Kapitel. An dieser Stelle möchte ich etwas vereinfacht und ohne eine Rangfolge einige menschliche Grundbedürfnisse benennen, die wir beachten müssen, wenn es um gelingende Beziehungen geht.

- Geborgenheit (Sicherheit)
- Nähe (Liebe)
- Anerkennung (Bedeutsamkeit)
- Wissen/ Entwicklung (Neugier)
- Unabhängigkeit (Freiheit)
- Abwechslung (Neues oder Veränderung)
- Sinn (Beitrag zum großen Ganzen)

Wem es gelingt, diese Bedürfnisse bei anderen zu erkennen und zumindest teilweise zu befriedigen, der hat einen wirksamen Schlüssel zum Beziehungsglück gefunden. Wie lässt sich dies von der theoretischen Erkenntnis in den Alltag übertragen? Zum Beispiel so:

Sie haben sich mit einer Freundin zum gemeinsamen Kaffeeschwatz verabredet. Dummerweise werden Sie aufgehalten und verspäten sich um eine halbe Stunde. Ohne eine Information wird die Freundin unruhig und unsicher. Sie wird sich fragen: Ist etwas passiert? Hat sie mich vergessen? Bin ich meiner Freundin nicht wichtig? Welchen Stellenwert habe ich überhaupt in ihrem Tagesplan, in ihrem Leben? Entsprechend genervt, ärgerlich oder sarkastisch wird die Begrüßung ausfallen, wenn Sie eine halbe Stunde später doch noch auftauchen. Wer weiß, wie groß das

Letztlich ist das große Geheimnis gelingender Beziehungen die Erkenntnis, dass ich nur mich selbst, nicht aber den anderen ändern kann.

Bedürfnis nach Sicherheit bei vielen Menschen ist, wird die Freundin in so einer Situation nicht mit ihren Gefühlen allein lassen. Sie rufen beispielsweise schnell an und erklären die Situation. Eine Kleinigkeit mit großer Wirkung! Es ist so leicht, Sicherheit zu geben. Problematisch wird es allerdings, wenn dies auf Kosten der Freiheit und des individuellen Spielraums geht. Denn Überbehütung und Kontrolle können eine Beziehung empfindlich stören. Wird die Sehnsucht nach Freiheit existenziell, kann sie zum drastischen Ausbruch aus einer Beziehung führen. In Paarbeziehungen ist dieses Phänomen ebenso zu beobachten wie in Eltern-Kind-Beziehungen. Freiheit und Vertrauen zu schenken, andere loszulassen will gelernt sein. Als unsere jugendlichen Kinder zum ersten Mal nachts länger mit Freunden unterwegs waren und wir Eltern vor ihnen ins Bett gingen, trat ein großer Unterschied zwischen meinem Mann und mir zutage. Er legte sich hin und schlief entspannt ein. Ich lag wach, Stunde um Stunde, und fragte mich, ob ich das Telefon im Untergeschoss hören würde, wenn die Kinder doch meine Hilfe brauchen. Ich schlief erst ein, als ich am frühen Morgen den Schlüssel im Türschloss hörte. Mein Bedürfnis nach Sicherheit ist deutlich größer als das meines Mannes. Ich musste und muss noch heute das Loslassen bewusst einüben. Dabei hat mir die Beobachtung geholfen, dass unser Vertrauen den Kindern viel mehr Sicherheit gibt als die Kontrolle. Sie wissen, dass sie für sich verantwortlich sind. Dadurch wächst Selbstvertrauen und innere Stärke. Gut zu beobachten ist das auch im beruflichen Kontext. Wenn der Chef permanent bis ins kleinste Detail kontrolliert, handeln Mitarbeiter weder eigenverantwortlich noch bauen sie eine gute Beziehung zu dieser Führungskraft auf.

Das Ich braucht Vertrauen und vor allem die Kraft der individuellen Anerkennung, wenn es am Du wachsen soll.

Das Ich braucht Vertrauen und vor allem die Kraft der individuellen Anerkennung, wenn es am Du wachsen soll. Dies bedeutet, dass

Wertschätzung individuell, wahrhaftig und treffend sein muss. Dann ist ihr Wert unbeschreiblich groß. Mark Twain sagt: »Von einem guten Kompliment kann ich zwei Monate leben.«

Beziehungsreichtum

Gute Beziehungen machen uns reich und lebenstüchtig. Das gilt ganz besonders für Liebesbeziehungen. Stefan Klein betont in seinem Buch »Die Glücksformel«, dass Freundschaft Liebe nicht ersetzen, nur ergänzen kann. Die Qualität einer Partnerschaft und die Häufigkeit von Sex in dieser Partnerschaft wirken sich direkt auf die individuelle Lebenszufriedenheit aus. Es ist wissenschaftlich belegt, dass feste Beziehungen und regelmäßiger Sex mit einem verlässlichen Partner guttun. Dies festigt das Miteinander, ermöglicht vertrauensvolle Nähe und wirkt sich positiv auf die Gesundheit aus. Statistisch gesehen leiden zum Beispiel Singles viel häufiger als Verheiratete an Depressionen. Deshalb ist es für Singles eine große Kunst und Herausforderung und Notwendigkeit, das Leben mit Freunden und Freundinnen beziehungsreich zu gestalten. Paare haben es leichter, denn der Partner ist ein vertrautes Gegenüber. Doch selbst wem es gelungen ist, einen Partner zu finden, der ist noch längst nicht am Ziel. Denn eine Liebesbeziehung ist nichts, was man fest und sicher fürs Leben hat. Sie will gepflegt werden. Das beginnt für viele mit dem unbedingten Vertrauen in den Partner. Dazu ist Treue erforderlich, dass man sich bewusst entscheidet und freiwillig festlegt. Wer treu ist, sagt anderen möglichen Partnern innerlich ab und begrenzt sich bewusst auf eine Person. Das ist keine Garantie für eine gute Beziehung, jedoch ein wichtiger Schritt. Jede Beziehung braucht Beziehungspflege. Selbst die Ehe läuft nicht von selbst, nur weil man einen Ring am Finger trägt. In eine Beziehung müssen wir immer wieder investieren: klärende Gespräche, prickelnde Ideen, liebevolle Anerkennung, Respekt und emotionale Verlässlichkeit. Genau dies vernachlässigen manche

Paare. Sie glauben, sie müssten nur das Kleidchen ausbreiten und dann regne es wie bei Sterntaler Liebesglück auf sie herab, wie Stefan Klein diese Haltung beschreibt. Wissen Sie, was Ihren Partner, Ihre Partnerin glücklich macht? Kennen Sie deren Lebenstraum und geheime Sehnsüchte? Was würde Ihr Liebster, Ihre Liebste mit geschenktem Geld oder geschenkter Zeit anfangen? Es lohnt sich, genau hinzuhören und hinzuschauen, denn Unaufmerksamkeit ist ein echter Liebeskiller.

2013 wurden in Deutschland 169 800 Ehen geschieden. Das waren zwar 5,2 % weniger als im Vorjahr, doch 169 800 gescheiterte Ehen bedeuten 339 600 verletzte, verstörte, trauernde Menschen. Selbst wenn ein Teil von ihnen erleichtert über das Ende der Beziehung ist, ein Scheitern ist es dennoch. Denn jeder dieser Menschen ist mit Hoffnungen und der Vision von einer guten Partnerschaft gestartet. Psychologen weisen darauf hin, dass eine Trennung neben dem Verlust eines Menschen durch den Tod eine der massivsten psychischen Belastungen für uns ist. »Ich habe nur noch funktioniert. Nicht von Tag zu Tag, sondern von Stunde zu Stunde. Hätte ich die Fürsorge für die Kinder nicht gehabt, für mich selbst hätte ich nicht weiter gekämpft. Mein Leben war kein Leben mehr«, erzählt mir eine Freundin. Jahre hat sie gelitten, war wütend, hat nach dem Warum gesucht, sich Vorwürfe gemacht, bevor sie ihren Frieden finden und sich innerlich verabschieden konnte. Heute sagt sie: »Ich habe viel über mich gelernt und ich weiß jetzt, ich kann schwerste Zeiten überstehen.« Geholfen haben ihr in dieser Zeit vor allem die Nähe zu ihrer Kernfamilie und zu Freunden. Von Zeit zu Zeit hat sie den Adlerblick auf ihren Alltag gewagt und gewusst, dass es ein Leben nach dieser Enttäuschung geben wird – in einigen Monaten, vielleicht in einem Jahr. Heute lebt sie mit einem neuen Partner zusammen, vorsichtiger, nicht mehr ganz so unbeschwert, dafür bewusster und reifer.

Lieben, verlieben, entlieben – Liebe ist ein riesiges Beziehungsthema für uns Menschen. Manchmal ist es schmerzlich zu akzeptieren, dass sie nicht zu erzwingen, wohl aber zu gestalten ist. Sehr hilfreich für dieses Gestalten kann ein gemeinsames Drittes sein: eine große Vision, eine Aufgabe, ein Projekt – etwas, für das man sich mit den je unterschiedlichen Stärken einsetzt. Immerhin landet diese Verantwortung für ein Drittes auf Platz sieben von zwölf einer Hitliste, die Psychologen aufgrund ihrer Umfrage zu glücklichen Ehen mit 700 teilnehmenden Paaren aufgestellt haben. Was, glauben Sie, hat den ersten und zweiten Platz in dieser Hitliste eingenommen? Was war den meisten Paaren am wichtigsten? Platz eins hieß: den anderen nehmen, wie er ist. Gefolgt von Platz zwei: Vertrauen zu- und Offenheit füreinander haben. Überrascht Sie das?

Ich finde, es zeigt, dass die Mehrheit der Menschen, egal ob in der Paarbeziehung, in der Generationenbeziehung oder im Miteinander von Freundinnen und Freunden immer wieder auf die gleiche Basiserfahrung stoßen: Gemeinsam sind wir stärker. Vor allem in Zeiten der Unsicherheit, der globalen Veränderung, der persönlichen Lebensumbrüche besinnen sich Menschen auf das, was ihnen Geborgenheit im Leben gibt, das Zusammensein mit Familie und Freunden. In diesem Beziehungsnetzwerk finden sie Unterstützung beim Aufwachsen, in der Familienaufbauphase, Absicherung in sozialen Notlagen, Pflegebeistand und Sicherheit. Daher verwundert es nicht, dass 88% der Bundesbürger sagen: »Was immer auf uns zukommt: Für mich ist und bleibt die Familie das Wichtigste im Leben.«[8]
Beziehungsweise ist ein Mensch, der erkannt hat, dass ihn ein vielfältiges soziales Netz gesund hält und dass er bei sich selbst beginnen muss, damit sich andere mit ihm wohlfühlen.

Coaching to go

Fragen Sie nach

Fragen Sie Ihren Partner, Ihre Partnerin oder einen engen Freund, eine enge Freundin: Was wünschst du dir von mir in unserer Freundschaft oder in unserer Partnerschaft? Wie kann ich dir mehr Sicherheit, Geborgenheit und Anerkennung geben?
Diese Fragen sind ungewöhnlich. Achten Sie auf die Reaktion Ihres Gegenübers. Hören Sie genau hin und bauen Sie die Antworten in Ihr künftiges Handeln ein. Das ist eines der wirksamsten Mittel für gelingende Beziehungen.

Count your blessings – Wer zählt für Sie?

Welche Menschen in Ihrem Umfeld sind Freunde, auf die Sie zählen können. Wer macht Sie glücklich? Wer bringt Sie zum Lachen? Wer baut Sie auf, wenn Sie am Boden sind? Wer würde Ihnen echtes Zuhören, Zeit, Geld oder Unterkunft bieten?
Legen Sie eine Namensliste dieser wichtigen Menschen in Ihrem Leben an. Prüfen Sie diese Liste einmal im Jahr, ob sie noch aktuell ist. Pflegen Sie diese Beziehungen, indem Sie Aufmerksamkeit, Überraschungen und Zeit investieren.

Experimentieren Sie mit Wertschätzung

Nehmen Sie Ihren Partner, Ihre Partnerin, Ihre Eltern oder Kinder, Ihre Freundin oder den Freund an, so wie er ist. Kritisieren Sie nicht dauernd. Handeln Sie so, wie Sie behandelt werden möchten. Seien Sie selbst der Freund, den Sie haben möchten.

Keine Kritik zu üben ist richtig schwer. Deshalb versuchen Sie es umzusetzen. Nur für heute! Sagen Sie sich z.B.: Nur für heute sehe ich die
Stärken des anderen. Nur für heute nehme ich sie oder ihn an, wie er
oder sie ist. Heute werde ich den Fokus auf das Gute, auf das Gelingen
legen. Nur für heute werde ich den anderen nicht kritisieren.
Wie ging es Ihnen damit? Haben Sie Lust auf eine Wiederholung oder
Ausdehnung des Experimentes bekommen?

Gemeinsam stark

GESPRÄCH MIT SUSANN UND MARTIN DULIG

Er lacht mir am Straßenrand entgegen, unübersehbar auf fünf mal vier Metern Plakat. Dynamisch, fröhlich, provokativ und engagiert. Martin Dulig ist Spitzenkandidat einer großen Partei für die sächsische Landtagswahl. Was man auf diesen Plakaten nicht sieht, ist die Familie, die zu Martin Dulig gehört und ihm den Rücken stärkt. Sie wohnen in unserer Nachbarschaft und ihr Gartenzaun ist der Grund dafür, warum ich diese Familie unbedingt kennenlernen wollte. Er ist kunterbunt, die Zaunlatten sind wie Stifte angemalt. Man hat das Gefühl, vor einem überdimensionalen Buntstiftkasten zu stehen. Ich war sehr neugierig, wer wohl in diesem Haus wohnen würde und irgendwann sah ich Familie Dulig zum ersten Mal durch ihr Buntstift-Gartentor die Straße betreten. Allerdings war ich ratlos, was die Familienkonstellation anbetraf, denn das Ehepaar war umgeben von jungen Erwachsenen, Teenies und Kindern. Wer gehört hier zu wem? Martin und Susann Dulig schienen mir zu jung zu sein, um als Eltern der jungen Erwachsenen infrage zu kommen. Außerdem waren das zu viele Kinder für eine durchschnittliche deutsche Familie.

Nicht nur dieses Geheimnis konnte ich schließlich lüften. Ihre persönliche Geschichte macht deutlich, warum man mit einem echten Partner stärker wird, wie man es schafft, sich auch nach 21 Jahren noch liebenswert zu finden und vor allem, warum eine große Aufgabe die Familie zusammenschweißt. Mittlerweile ist Martin Dulig stellvertretender Ministerpräsident und Staatsminister für Wirtschaft,

Arbeit und Verkehr in Sachsen. Ich bin mir sicher, Familie Dulig wird auch diese Herausforderung wie bisher gemeinsam bewältigen – mit Humor, persönlichen Stärken und der Kraft des Miteinanders.

Wer sechs Kinder hat, mehr als 20 Jahre verheiratet ist und so fröhlich und unkompliziert miteinander umgeht, strahlt Lebensglück aus. Gibt es einen besonderen Tipp, den Sie uns für das Gelingen einer guten Beziehung verraten können?

MARTIN: Wir geben ungern Tipps. Jede Beziehung ist anders. Aber wir teilen gerne unsere Erfahrungen. Unsere Beziehung ist auch nicht immer stark. Es gibt Höhen und Tiefen wie überall, doch wir wachsen an diesen. Wir kennen uns schon seit unserer Jugendzeit, da wächst man mit der Beziehung. Bei uns hat jeder seinen Freiraum, sich selbst zu entwickeln.

SUSANN: Bedingt durch Martins Arbeit als Landespolitiker sind wir sowieso oft getrennt. Das sehen wir dann als Chance, eigene Wege zu gehen und freuen uns umso mehr, wenn wir uns voll neuer Eindrücke wieder begegnen. Ein Schatz in unserer Ehe sind die Zeitinseln, die wir uns regelmäßig zu zweit gönnen. Kunst in Wien, die Seele baumeln lassen an der Ostsee oder mit dem Rad am Ijsselmeer unterwegs sein – wir brauchen Auszeiten zu zweit. Das sind Kraftoasen für uns. Außerdem können wir immer noch ziemlich albern sein. Das Lachen befreit und verbindet auf jeden Fall.

Das Fundament einer gelingenden Beziehung ist es, dem anderen zu zeigen, was einem selbst guttut, und wofür man den Partner oder die Partnerin schätzt. Können Sie etwas benennen, womit Ihnen Ihr Mann oder Ihre Frau guttut?

SUSANN: Martin sagt mir oft, dass er mich liebt. Ich glaube, das ist etwas Besonderes. Vielleicht sollte ich mehr zeigen, wie gut mir das tut. Von ihm bekomme ich immer den Rückhalt, den ich brauche, um auch eigene berufliche Ideen umzusetzen. Ich bewundere seine Fähigkeit, zu so vielen Themen in der Politik gesprächsfähig zu sein.

Sein Wissen ist unglaublich. Mir imponiert, dass er seine Werte auf einem schwierigen Parkett so glaubwürdig vertritt.

MARTIN: Susann stärkt mir immer den Rücken. Es tut gut, jemanden zu haben, der ohne Vorbehalte und sicher hinter dir steht. Manchmal hab ich schon ein schlechtes Gewissen, weil ich wirklich viel unterwegs bin, aber ich weiß, wir können gemeinsam alles schaffen. Mit Susann habe ich schon mehr als die Hälfte meines Lebens erlebt. So etwas bringt Tiefe in die Beziehung.

Kinder bedeuten für viele Leute viel Arbeit und eine Begrenzung der persönlichen Freiräume. Wie empfinden Sie das?

SUSANN: Klar, wir haben auch Freunde, die fragen: »Wie schafft ihr das mit so vielen Kindern? Wir wissen schon mit einem Kind nicht, wie wir das bewältigen sollen.« Man wächst mit seinen Herausforderungen. Wir sind ja nicht auf einen Schlag mit sechs Kindern zusammen gewesen. Die älteren Geschwister sind mit der Zeit immer verantwortlicher geworden und haben uns an vielen Stellen unterstützt.

MARTIN: Bei uns muss jeder mit anfassen. Zum Glück gab es gute Kindergartenbetreuung, die wir genutzt haben, als Susann ihre Ausbildung und ihr Studium absolvierte. Außerdem haben wir die Großeltern um Unterstützung gebeten, wenn wirklich Bedarf war. Es ist wie vieles im Leben eine Frage von guter Organisation und einer zuversichtlichen Grundeinstellung.

Was bedeutet es aus Ihrer Sicht, beziehungsstark zu sein? Welche Grundfähigkeiten braucht ein Mensch dafür?

SUSANN: Ich hatte eine Mutter, die mich allein großgezogen hat, während Martin aus einer großen Familie stammt. Da gibt es Unterschiede und ich habe erlebt, dass Beziehung nichts Fertiges ist. Eine Beziehung wächst, verändert, erweitert und vertieft sich. Manche Freundschaftsbeziehungen gehen auch auseinander oder verlieren sich. Beziehungsstärke hat sicher etwas damit zu tun, wie man

Beziehung lebt. Kinder lernen nicht, indem man ihnen viel über Beziehungen erzählt, sondern indem man ihnen vorlebt, wie man mit unterschiedlichen Meinungen umgeht, wie man sich wertschätzt, sich vergibt und indem man miteinander lachen kann.

MARTIN: Stark ist es, wenn man in der Beziehung das Gefühl hat, glücklich zu sein. Das strahlt sichtbar aus. Dafür muss man sich die Mühe geben, herauszufinden, was beide brauchen, um in der Beziehung glücklich zu sein. Es geht um den guten Blick auf sich selbst und auf den anderen.

Gibt es Rituale, mit denen Sie die Beziehungen innerhalb der Familie pflegen?

SUSANN: Ja, auf jeden Fall. Da gibt es große und kleine Rituale. Eines, was wir schätzen, ist unser Familienrat. Sonntagabend reservieren wir für uns und unsere Themen – allerdings machen wir kein Gesetz daraus. Es soll ja eine Zeit sein, von der wir alle profitieren und die uns keinen Stress macht. Beim Familienrat darf jeder seine Anliegen einbringen. Gutes wird benannt, Aufgaben verteilt, Regeln ausgehandelt. Vor allem ermutigen wir unsere Kinder, Ungerechtigkeiten anzusprechen. Das Ritual hilft ganz erheblich, den Alltag gut zu strukturieren.

Man braucht Zeit für sich allein, wenn man ein guter Beziehungsmensch sein will. Was sagen Sie zu dieser These?

MARTIN: Das entspricht genau unserer Erfahrung. Eine Beziehung bleibt lebendig, wenn der Einzelne sich seiner selbst bewusst ist und vor allem, wenn jeder den Freiraum zur persönlichen Entwicklung hat. Wir gönnen uns gegenseitig Freiräume. Als Susann nach den ersten intensiven Familienjahren Lust bekam, noch einmal zu studieren, haben wir gemeinsam überlegt, wie das zu schaffen ist. Dank der familienfreundlichen Bedingungen an der EHS in Dresden wurde der Traum vom Studium Wirklichkeit und hat neue Themen in unser Leben gebracht. Zum 40. Geburtstag hat sich Susann Klarinettenunterricht gewünscht. Das Musizieren ist für uns einerseits etwas Gemeinsames, auch mit den Kindern. Andererseits geht es ja gerade dort darum, dass jeder sein eigenes Instrument beherrscht. Klarinette und Trompete – beides Instrumente und doch jedes ganz eigen. Ein schönes Beispiel für die These, dass man sein Eigenes machen muss, ohne den anderen aus dem Blick zu verlieren.

SUSANN: Martin hat in den letzten Jahren Dinge lieben gelernt, die er als Kind gehasst hat, wandern oder in die Sauna gehen zum Beispiel. Und genau diese Dinge gönnt er sich von Zeit zu Zeit allein, um sich zu entspannen. Wenn wir gemeinsam zum Folkfest, einem gigantischen Weltmusik-Festival in Rudolstadt fahren, dann hat jeder von uns eigene Musikgruppen, die er gerne hören will. Also trennen wir uns für einige Konzerte, treffen uns dann immer wieder und haben die Fülle der Erlebnisse zu teilen. So machen wir es eigentlich auch im Alltag.

Eine große Familie, Engagement im Ort, Schule, Kirche, Chor und dann noch die Politik mit allen Netzwerken. Braucht man bei so viel Beziehung noch Freunde?

MARTIN: Unbedingt! Gerade wenn man mit seiner freien Zeit sehr achtsam umgehen muss, stellt sich die Frage, wer dir wirklich wichtig ist. Wie viel Zeit willst du mit wem verbringen?
So kamen wir auf die Idee, ein großes Patentreffen zu organisieren.

SUSANN: Unsere sechs Kinder haben jeweils vier Paten mit je eigenen Familien. Wir wollten alle dabei haben. Da kommen locker 130 Personen zusammen und jeder hat mit zum Gelingen des Festes beigetragen. Ein Freund hat eine Bäckerei. Auf seinen riesigen Blechen hat er an dem Wochenende kein Brot, sondern Pizza für uns alle gebacken. Es gab Musik, Spiel und jede Menge gute Begegnungen. So etwas passt nicht jedes Jahr. Dieses Jahr ist Wahlkampf und es gibt andere Prioritäten, aber vielleicht im nächsten Jahr. Dreimal gab es bereits so ein Patentreffen und das waren Feste, die man nicht so schnell vergisst. Das schönste Lob von Freunden war der Satz: »Wenn wir bei euch sind, sind wir Teil der Familie.«

Martin und Susann Dulig sind seit mehr als 20 Jahren verheiratet und haben gemeinsam sechs Kinder. Susann Dulig arbeitet als Erzieherin in einer evangelischen Kindertagesstätte und baut sich parallel ihre Selbstständigkeit als Verfahrensbeistand auf. Martin Dulig ist Landesvorsitzender der SPD in Sachsen und seit November 2014 Sächsischer Staatsminister für Wirtschaft, Arbeit und Verkehr sowie stellvertretender Ministerpräsident des Freistaates Sachsen. Familie Dulig lebt in Moritzburg.

einfach zuversichtlich

Stark von innen

Vermutlich kennen auch Sie Situationen aus Ihrem Leben, die Ihnen fest im Gedächtnis geblieben sind. Es ist schon etliche Jahre her, dass einer unserer Schweden-Urlaube für mich sehr schmerzlich endete und ich viel über die Kraft der Zuversicht lernen konnte. Ich erinnere mich daran, als wäre es gestern gewesen: Funkelnd steht der Learjet auf dem Rollfeld. Die Gangway ist ausgefahren, die Crew wartet auf ihren einzigen Passagier. Sie wartet auf mich. Der Wagen fährt unmittelbar ans Flugzeug, doch ich steige nicht elegant aus dem Auto und gehe graziös wie Julia Roberts als »Pretty Woman« die Gangway hinauf. Ich liege auf einer Trage, fest fixiert, mit Morphium vollgepumpt und werde behutsam in den Learjet gehoben. Der Kapitän des Flugzeuges ist vom ADAC. Die Flugbegleiterinnen sind eine Krankenschwester und eine Ärztin aus München.

Sie bringen mich zurück nach Deutschland. Als das Flugzeug abhebt und rasch an Höhe gewinnt, kann ich tief unten die weite Wildnis des schwedischen Nordens sehen. Blau schimmernde Seen, satt grüne Wälder, aus denen die hellgelben Schattierungen der Birken heraus leuchten. Selbst aus dieser Höhe lässt sich der nahende Herbst erkennen.

Noch weiß ich nicht, wie es weitergehen wird. Sind die urplötzlich aufgetretenen höllischen Rückenschmerzen, die mich überfallen und hilflos gemacht haben, die Anzeichen eines Tumors? Habe ich »bloß« einen Bandscheibenvorfall? Muss ich operiert werden? Seit drei Tagen quälen mich Fragen wie diese, auf die es noch keine Antwort gibt.

Doch in diesem Augenblick überwiegt, so seltsam das klingen mag, die Dankbarkeit. Ich bin froh über das Morphin, was mich einlullt und die Schmerzen erträglich macht. Dankbar für die professionellen Helfer, die mich begleiten und keine unnötige Aufregung verbreiten. Für sie ist es normal, Schwerkranke, Unfallopfer, traumatisierte Menschen im Ambulanzflugzeug zu versorgen. Wie gut, dass der Transport innerhalb weniger Tage organisiert wurde, dass wir diese Möglichkeit der Rückführung über unsere Versicherung ohne horrende Kosten nutzen können. Das schwedische Krankenhaus war so überfüllt, dass ich die erste Zeit auf dem Flur, später in einem Raum mit verwirrten, alten Menschen lag. Jetzt kann es nur noch besser werden.

Ich weiß, dass ich in ein Krankenhaus nach Stuttgart transportiert werde, wo Ärzte meine Sprache verstehen und wo mich meine Familie besuchen kann. Es ist gut. Alles wird gut. Mitten in dieser Ausnahmesituation spüre ich einen inneren Frieden und ein tiefes Gefühl der Zuversicht.

Eigentlich kann ich es mir selbst kaum erklären. Mitten aus dem Familienurlaub herausgerissen, bin ich dennoch seltsam beruhigt. Mein Mann ist mit den Kindern zeitgleich irgendwo dort unten im Auto auf Landstraßen unterwegs zur südlichen Küste. Sie werden mit der Fähre eine Nacht lang über die Ostsee fahren und erst in zwei Tagen zu Hause ankommen. Doch dann werden wir uns wiedersehen und wir werden wissen, wie es weiter geht.

Ich erhasche einen letzten Blick auf den Siljansee. Es ist ein sonniger Tag Anfang September, genau das richtige Wetter für eine Kanutour oder zum Wandern auf einsamen Trails durch unberührte Natur. Wie gerne wäre ich jetzt dort unten. Dann hüllen uns Wolken ein, weiß und leicht wie Milchschaum auf dem Cappuccino. Ich versuche, an Schönes zu denken.

Tief in meinem Herzen gebe ich mir in diesem Moment ein Versprechen. Ich werde die Hoffnung nicht aufgeben. Ich werde alles dafür tun, wieder laufen, tanzen und unbeschwert ohne Schmerzen leben zu können. Und irgendwann werde ich zurückkehren, in ein Kanu steigen und aufbrechen, um Kraft aus der Wildnis zu schöpfen. Niemals hätte ich gedacht, dass es zwölf Jahre dauern würde, dieses Versprechen einzulösen. Als klar ist, dass ich keinen Tumor an der Wirbelsäule, sondern einen instabilen Wirbel habe, beginnt der mühsame Weg zurück ins bewegte Leben. Mit äußerster Konzentration zuerst am Rollator, später vorsichtig an Krücken, schließlich frei gehend, immer die Angst im Nacken, urplötzlich wieder von Schmerzen überfallen zu werden, kämpfe ich mich zurück in den Alltag. Schritt für Schritt von Ärzten und Physiotherapeuten begleitet. Mit Disziplin, Motivation durch Trainer im Fitnesscenter und mit der Hilfe guter Osteopathen gewinne ich schließlich mein Körpergefühl, die Beweglichkeit und die Stabilität des Rückens wieder zurück.

Zwölf Jahre später schaue ich mit einer Mischung aus Ergriffenheit und Freude auf die grau schäumenden Wellen des Bowron Lake. Der See ist gesäumt von dichten Wäldern und erstreckt sich wie ein mächtiger Wasserteppich zu Füßen der imposanten Bergmassive. Eine Woche Kanutrip in der fast unberührten Wildnis der Cariboo Mountains ist soeben zu Ende gegangen. Die letzten Kilometer waren hart zu paddeln, wir hatten Gegenwind und das Kanu tanzte wie eine Nussschale in den Wellen. Doch wir gaben nicht auf, Meter für Meter kamen wir dem sandigen Ufer näher. Unsere Familie ist zusammengewachsen. Diese Tage weit außerhalb der Zivilisation, jenseits von Mobilfunknetzen, der Natur nahe, aber auch ausgeliefert, haben uns gefordert. Wir waren aufeinander angewiesen, haben das Kanu über schwierige Passagen getragen, einander ergänzt beim Feuermachen, Essen zubereiten oder Zelt aufbauen. Keiner hat darüber gesprochen, doch jeder im Team hat geahnt, welch ungeheure Kraft es mich gekostet hat, mich soweit hinauszuwagen. Hinaus in die Natur, der ich respektvoll begegne, die mich in ihrer Wildheit gleichzeitig stärkt und ehrfürchtig macht. Ich musste und ich wollte vertrauen lernen, Vertrauen in meinen Körper und in die Stärke unserer Familie.

In dieser Kanuwoche habe ich erlebt, dass es immer einen Weg gibt. Ich bin innerlich geheilt und körperlich stabil. Ich habe mein Versprechen eingelöst, und dies ist nur zum Teil mein eigener Verdienst. Ich empfinde es als ein großes Geschenk. Demut und tiefe Dankbarkeit mischen sich in meiner Rückschau. Dass ich diese Tour geschafft habe, macht mich stark, stark von innen. Zuversicht hat mir geholfen, dranzubleiben, auch in schweren Zeiten nicht aufzugeben und darauf zu vertrauen, dass Veränderung zum Guten möglich ist. Es ist diese hoffende Kraft, die mich in der Wildnis der Bowron Lakes getragen hat und die ich seither wie einen kostbaren Schatz in mir hüte und pflege.

Die Kraft der Seele nutzen

Zuversichtliche Menschen geben nicht vorschnell auf. Sie lernen aus Niederlagen. Sie arbeiten an ihren Zielen, glauben, dass sie an ihrer Situation etwas ändern können, und vertrauen sich selbst, dass sie es schaffen. An Misserfolgen zerbrechen sie nicht, sondern suchen nach einem Ausweg aus der Krise, nach einer Lösung für ihr Problem. Schwierigkeiten interpretieren sie gar als Lernmöglichkeiten.

»Man muss ins Gelingen verliebt sein, nicht ins Scheitern.«
ERNST BLOCH

»Optimismus ist die Quelle eines glücklichen Lebens« schreibt folgerichtig der Management- und Persönlichkeitstrainer Jörg Löhr und intuitiv weiß das jeder Mensch.

Doch wie komme ich an diese Quelle? Ist Zuversicht etwas, was manchen genetisch mitgegeben ist und anderen nicht, oder kann man Zuversicht lernen? Tatsächlich tragen wir die Anlage zum zuversichtlichen

Denken, also eine Art Grundoptimismus, von Geburt an in uns. Studien gehen davon aus, dass es zu 25% genetisch festgelegt ist, ob wir eine optimistische oder eher pessimistische persönliche Lebenseinstellung haben. Ob das eine gute oder schlechte Nachricht ist, müssen Sie für sich entscheiden!

Wie auch immer, Sie haben auf jeden Fall 75% Gestaltungsraum. Das heißt, es liegt zu großen Teilen an uns, wie wir uns zu dem verhalten, was uns im Leben begegnet. Anders ausgedrückt: Zuversicht, diese fantastische Kraftquelle, der Energieturbo für unser Leben, ist nicht vorgegeben, sondern veränderbar. Zuversicht lässt sich lernen!

Das ist eine großartige Nachricht für alle, die ihr Leben in die Hand nehmen und selbst gestalten wollen. Ungünstig für diejenigen, die gerne dem Leben, den Umständen, den Eltern oder ihren Vorgesetzten die Schuld für negative Erfahrungen oder Misserfolge in die Schuhe schieben. Denn wenn es um Zuversicht geht, müssen und dürfen Sie selbst ans Steuer des Lebens.

So wie Paulo. Der junge Mann war davon überzeugt, dass es ihm gelingen würde, Bücher zu schreiben, die Menschen bewegen. Er wollte Schriftsteller werden – zur Enttäuschung seiner Eltern, die wussten, dass ihrem hochintelligenten Jungen die Welt der Wirtschaft offen stand. Aus lauter Ohnmacht griffen sie zu einem unvorstellbaren letzten Mittel, ihren Sohn zur Besinnung zu bringen: Sie ließen ihn kurzfristig in die Psychiatrie einweisen. Später dazu befragt, sagt Paulo über seine Eltern, dass sie ihm wohl helfen wollten. Ändern konnten sie seine Liebe zur Literatur nicht. Paulo war nicht aufzuhalten. Er war ins Gelingen verliebt. Alle Niederlagen waren für ihn Stufen auf dem Weg, stärker zu werden, reifer zu werden und seinen Traum zu leben. Niemand hat an ihn geglaubt. Nur er selbst hat es für möglich gehalten, dass sein Buch ein Schatz für Lebenssucher werden würde. 1988 erschien »Der Alchimist« von Paulo Coelho. Mehr als vierzig Millionen Bücher,

Hoffnung, Zuversicht, Optimismus, die Kraft, nach Krisen wieder aufzustehen, helfen, dass unser Leben gelingen kann.

in mehr als sechzig Sprachen übersetzt, wurden seither weltweit davon verkauft.

Hoffnung, Zuversicht, Optimismus, die Kraft, nach Krisen wieder aufzustehen, helfen, dass unser Leben gelingen kann. Paulo Coelho muss eine Menge davon gehabt haben, dass er trotz aller Widerstände ein erfolgreicher Autor wurde. An seiner Geschichte lässt sich zeigen, wie zuversichtliche Menschen ticken. Bei solchen Lebensgeschichten fehlen einem mitunter die Worte. Daher zitiere ich lieber Wilhelm von Humboldt, den gelehrten Forscher und Begründer der gleichnamigen Berliner Universität: »Es ist unglaublich, welche Kraft die Seele dem Körper zu geben vermag«.

Die heutige Positive Psychologie folgt der Erkenntnis Humboldts, bleibt aber nicht beim Staunen stehen. Sie analysiert, wie sich Zuversicht als Seelenstärke auf das persönliche Leben und auf das Miteinander in der Gesellschaft oder in Organisationen auswirkt. Damit stellt sie die Erfahrung, dass eine hoffende, bejahende Haltung das Leben gewaltig beeinflusst, auf eine wissenschaftlich fundierte Basis. Darüber hinaus geht die Positive Psychologie noch einen Schritt weiter und bietet Erkenntnisse an, wie sich diese positive Grundhaltung beim Menschen steigern lässt.

PERMA – eine Handvoll Zuversicht

Martin Seligman, Professor an der University of Pennsylvania und Präsident der weltweit größten psychologischen Organisation, der American Psychological Association (APA) forscht schon lange an Strategien, mit denen sich Zuversicht beeinflussen und gezielt fördern lässt. Er hat mit seinem Forscherteam fünf entscheidende Elemente herausgearbeitet und sie unter dem Kürzel PERMA zusammengefasst: Positive Emotionen, Engagement (Tatkraft), Relationships (Beziehungen), Meaning (Sinn) und Achivement (Erfolg).[9] Diese fünf Elemente, eine Handvoll Zuversicht gewissermaßen, haben es in sich. An ihnen möchte ich verdeutlichen, was in vielfältigsten Publikationen unter dem Fachbegriff Resilienz (seelische Widerstandskraft) behandelt wird. Noch vor wenigen Jahren kannten nur Therapeuten, Psychologen und Coaches diesen Begriff. Heute gibt es dazu eine Vielfalt guter Literatur, konkrete Programme für Firmen oder Seminare für Privatpersonen, die sich damit beschäftigen, diese unglaubliche Kraft gezielt nutzbar zu machen. Wir haben es in unserer Hand, diese Erkenntnisse persönlich umzusetzen. Um mit Friedensreich Hundertwasser zu sprechen, passiert Folgendes, wenn Sie Ihre individuelle Zuversicht steigern: »Sie können nicht den Regen verhindern, aber Sie lernen die Kunst, im Regen zu tanzen.«

1. Element: *Positive Emotions (gute Gefühle)*

Wer in seinem Leben oft Gefühle wie Dankbarkeit, Freude, Stolz und Zufriedenheit erlebt hat, ist weit entfernt von jeder Depression. Solche Emotionen sind Zeichen für ein erfülltes Leben. Je öfter und je tiefer diese Gefühle wahrgenommen werden, umso besser. Wir können und sollten uns förmlich darin baden, wenn etwas gut gelungen ist. Feiern Sie Ihre Erfolge! Spüren Sie der Freude über Gelungenes nach und zeigen Sie Ihre Dankbarkeit mit allen Sinnen.

Was ist daran so gut? Gute Gefühle haben eine erweiternde Wirkung auf unser Handeln. Wer sich gut fühlt, stolz und zuversichtlich ist, der ist offener für Neues, der geht Veränderungen kreativ und neugierig an. Im Gegensatz dazu blockieren Stress oder Angst unser Handeln. Sie lassen uns vorsichtiger sein und wir greifen eher auf bewährte Handlungsmuster zurück. Im schlimmsten Fall wird man dadurch handlungs- und entscheidungsunfähig. Positive Gefühle sind entscheidende Bausteine für Zuversicht. Sie lassen sich schon mit kleinen Übungen sehr gezielt stärken. Richard Wiseman, Professor für Psychologie an der University of Hertfordshire, empfiehlt beispielsweise das »Als ob«-Prinzip. Es besagt, dass man sich so verhalten soll, als ob das erwünschte Verhalten schon eingetroffen wäre oder als ob man ein bestimmter (in diesem Falle ein zuversichtlicher)

Persönlichkeitstyp wäre.[10] Indem man dies tut, wird man sich diesem Typus immer mehr annähern. Wer zuversichtlicher werden möchte und mehr positive Gefühle erleben will, der kann dieses Prinzip nutzen. Achten Sie bewusst auf eine aufrechte und entspannte Haltung, wagen Sie öfter einen offenen Blick, lächeln Sie – und wenn es anfangs nur mit den Augen ist. Leben Sie immer wieder einen Moment, eine Stunde, einen Tag so, als hätten Sie allen Grund der Welt, zuversichtlich und optimistisch zu sein.

2. Element: *Engagement (Tatkraft)*

Hier geht es um den Mut, die Initiative zu ergreifen und etwas zu bewegen, von dem man überzeugt ist, dass es getan werden soll. Wer mit seinem ganzen Herzen bei einer Aufgabe ist und dieser mit einem tiefen Interesse folgt, der ist davon ergriffen. Er tut das, was er wirklich will. Manche Menschen sagen, sie fühlen sich zu etwas berufen. Es ist ein inneres Wissen, etwas bewegen zu können. Ken Robinson, ein international geschätzter Bildungsexperte, bezeich-

Sir Ken Robinson
In meinem Element.
Wie wir von erfolgreichen Menschen lernen können, unser Potenzial zu entdecken, München 2010

Ein Mutmacher, der trockenen britischen Humor und fundiertes Wissen kombiniert.

net dies als ein »im Element sein«. Er geht davon aus, dass gerade in einer sich rasant verändernden und dadurch Stress oder Angst machenden Welt ein neues Denken und vor allem Handeln erforderlich ist. »Die einzige Möglichkeit, sich darauf vorzubereiten, besteht darin, das Beste aus uns zu machen – in der Annahme, dass wir dadurch so flexibel und produktiv wie möglich werden.«[11] Das bedeutet, Neues zu wagen, der inneren Stimme zu trauen und sein

Element herauszufinden. Wenn Sie etwas tun, was Ihnen wirklich am Herzen liegt, dann haben Sie auch dieses gute Gefühl, am richtigen Platz zu sein und etwas Wesentliches zu tun. Und das wiederum steigert Ihre Tatkraft. Es ist wie ein Perpetuum mobile – ein System, das sich selbst in Bewegung hält. Anja Förster und Peter Kreuz, begeisternde Business-Querdenker aus Heidelberg, bringen es so auf den Punkt: »Echtes Engagement bedeutet, dass sich ein Mensch dagegen entscheidet, nur handelndes Subjekt zu sein. Er verpflichtet sich zu einer Sache, aus keinem anderen Grund als dem, dass er zutiefst davon überzeugt ist.«[12] Wovon sind Sie überzeugt und was gibt Ihnen die Kraft zu handeln? Was würden Sie tun, wenn Sie wüssten, dass Sie nicht scheitern können? Die Antworten, die Sie auf diese Fragen finden, werden Ihnen zeigen, wohin die Reise geht, wenn Sie sich denn trauen.

Wenn Sie etwas tun, was Ihnen wirklich am Herzen liegt, dann haben Sie auch dieses gute Gefühl, am richtigen Platz zu sein und etwas Wesentliches zu tun.

Neben der Angst zu scheitern halten uns perfektionistische Ansprüche, Konkurrenzverhalten oder auch die leidigen Vergleiche mit anderen davon ab, ins Handeln zu kommen. Gegensteuern lässt sich mit einfachen Strategien, die Ihnen sicher nicht neu sind. Wer Gelassenheit bei allem Tun hat, wer anderen Menschen vergeben kann und wer sich bewusste Muße als Ausgleich zu seinen Projekten gönnt, der wird seine Tatkraft mit Freude ausleben können. Nehmen Sie unter die Lupe, ob die Dinge, für die Sie sich engagieren, Ihrem eigenen Willen entsprechen oder ob Sie diese eher aus Pflichtbewusstsein heraus übernommen haben. Wenn Sie Ihre wirkliche Tatkraft entfesseln wollen, dann sollten Sie dafür in Ihrem Element sein.

3. Element: *Relationships (Beziehungen)*

Schiffe waren früher das einzige Mittel, Ozeane zu durchqueren und Kontinente zu verbinden. Gute Beziehungen sind wie Schiffe. Sie schaffen Verbundenheit, mitunter über weite Entfernungen und längere Zeiten der Trennung hinweg. Kennen Sie das gute Gefühl, wenn Ihre Gespräche miteinander sofort an die alte Vertrautheit anknüpfen? Solche Beziehungen machen stark, ganz besonders, wenn wir in der Krise stecken. Davon haben Sie bereits im vorigen Kapitel gelesen. Aber auch die schlichten Begegnungen in der Nachbarschaft, das »Wie geht's?« über den Gartenzaun, die Annahme von Post für den anderen, das originelle Straßenfest, bei dem jeder beiträgt, was er gerade hat, oder das Lächeln der Verkäuferin in der Bäckerei beeinflussen unser Lebensgefühl. Die moderne Resilienzforschung wird nicht müde zu betonen, wie extrem wichtig gute Begegnungen und tragfähige Beziehungen sind. Vertrauen, Selbstoffenbarung und Authentizität sind nicht nur im privaten, sondern auch im beruflichen Kontext von großer Bedeutung. So werden etwa Führungskräfte gezielt darin geschult, Beziehungen in ihrem persönlichen Leben als seelisch stärkende Ressource zu erkennen. Denn wer diesen Effekt positiv erfahren hat, der wird deutlich motivierter sein, die Beziehungen in seinen Arbeitsteams zu fördern.

James H. Fowler von der University of California San Diego und Nicolas Christakis von der Harvard University in Cambridge legten eine Langzeitstudie[13] vor, aus der hervorgeht, dass unser persönliches Glücksempfinden von der Stimmung der Menschen in unserer Umgebung abhängig ist. Die Wahrscheinlichkeit, glücklicher und damit auch zuversichtlicher zu sein, steigt um 34%, wenn unser Umfeld glücklich ist. Wir brauchen Menschen, die sich selbst vertrauen und deshalb in der Lage sind, anderen Mut zu machen. Wir kennen alle aber auch die Pessimisten. Statt einem zustimmenden »Ja, klar!« pflegen diese Menschen ihr »Ja, aber«. »Schöne Idee, aber das machen ja schon sehr viele andere Leute mit Erfolg«, erstickt jede neue Idee im Keim. Ein »Ja« könnte uns anschieben, beflügeln, motivieren. Das tückische Wörtchen »aber« reißt wie eine Schnappleine das Schoßhündchen einen neuen Gedanken sofort zurück. Weg von den riskanten Wegen. Raus aus den Traumwelten, die vielleicht der Beginn einer grandiosen Geschäftsidee wären und zurück auf den Weg, den alle kennen oder gehen.

In Kanada habe ich fasziniert beobachtet, wie Kinder in ihrem Tun sehr oft bestätigt wurden mit »Yes, you will make it! – Du schaffst das!«, »You are great! – Du bist großartig!« oder einfach »Yes, you can! – Du kannst das!«. Natürlich klappt nicht alles, wie man es sich erträumt, und es ist auch gut, realistisch zu sein. Doch rechtfertigt dies wirklich, anderen die kleinste Brise aus dem Segel für die Fahrt über den Ozean ihrer Ideen zu nehmen? Ausgeprägt zuversichtlichen Menschen wird schnell unterstellt, dass sie die Realität verdrängen, blauäugig sind oder rosarote Brillen tragen, die man ihnen lieber von der Nase reißt, damit sie die Wirklichkeit der Welt erkennen. Seligman weiß mit dem dritten Element Relationship (Beziehung) darauf hin, dass es für unser Zuversichtspotenzial entscheidend ist, mit wem wir unsere Zeit, unser Leben verbringen. Welche Ihrer Beziehungen gibt Ihnen Energie und Rückenwind? Schiffe überwinden Ozeane, Beziehungen bauen Brücken und helfen neue Ufer zu erreichen. Wer um die Kostbarkeit und vor allem um die Wirkung guter Beziehungen für die eigene Lebenskraft weiß, wird diese schätzen und vor allem pflegen.

4. Element: *Meaning (Sinn/ Bedeutung)*

Sinn ist eine mächtige Wirkkraft. Sinn im Leben zu finden schließt verschiedenste Ebenen ein: das persönliche, das berufliche, das gesellschaftliche Umfeld. Ein Leben ohne Sinn ist trist und inhaltslos. Sinn ist das Gold des Lebens. Wer entdeckt, was ihm zutiefst am Herzen liegt, was er Gutes tun kann, wo er für andere einen Unterschied durch sein Handeln macht, der kommt diesem Gold auf die Spur. Kürzlich sprach ich mit einem Manager, dessen Augen vor Begeisterung funkelten, als er von seiner sechsmonatigen Familienzeit sprach. Für ihn war die erlebte Zeit mit seinen kleinen Kindern so kostbar, dass er seine berufliche Tätigkeit bewusst für einige Monate unterbrochen hat, um sich ganz der Erziehung zu widmen. Er hat eine unwiederbringliche Zeit mit seinen Kindern, ein tiefes Gefühl der Lebensfreude und tiefen Sinn-Gewinn erlebt. Dafür nimmt er Karriereeinbußen und Unverständnis in der Firma in Kauf. Wenn sich dieser Mann bewusst für eine Familienzeit entscheidet, dann trägt ihn einerseits das Wissen um die Sinnhaftigkeit seines Tuns auf lange Sicht und andererseits die optimistische Grundhaltung, dass es auch beruflich eine Möglichkeit der Weiterentwicklung geben wird.

Sinn ist das Gold des Lebens. Wer entdeckt, was ihm zutiefst am Herzen liegt, was er Gutes tun kann, wo er für andere einen Unterschied durch sein Handeln macht, der kommt diesem Gold auf die Spur.

Michael Esser, Chef einer erfolgreichen Personalberatung, die vor allem Aufsichtsräte und Vorstände begleitet, schreibt: »Wer eine Führungsposition auf oberster Ebene innehat, zeigt Leadership in eigener Sache, wenn er auch jenseits des Unternehmens ein Leben führt, das ihn persönlich erfüllt. Diejenigen, denen das gelingt, erfahren gerade dies als wichtige Inspirationsquelle für ihre Arbeit.«[14]

Es kann Phasen geben, in denen wir den Sinn scheinbar verlieren, in denen sich Leben zäh, unbefriedigend oder falsch anfühlt. Nick Vujicic, der ohne Arme und Beine geboren wurde, sagt: »Die meisten Schwierigkeiten, mit denen wir konfrontiert werden, sind zugleich Möglichkeiten. An ihnen können wir entdecken, wer wir sind. Wer wir sein wollen und was in uns steckt.«[15] Vujicic kann an Rückschlägen wirklich Gutes entdecken. Ihn trägt die Grundüberzeugung, dass jedes Leben einen Sinn hat. Er formuliert es so: »Wenn kein Wunder passiert, sei selbst eins!« Seine Erfahrung ist: Krisen lehren dich etwas, sie bilden den Charakter, sie motivieren dich und sie helfen dir, Erfolge wertzuschätzen. Ein bewährter Weg, gerade in Krisenzeiten neuen Lebenssinn zu finden, ist, sich für andere einzusetzen. Wer schenkt, gewinnt! Es gibt vielfältige Lebensberichte, die deutlich machen, dass man nicht Mutter Teresa sein muss, um etwas zu bewegen. Für alle gilt die gleiche Aussage: Wer sich verschenkt, sich einer Sache widmet, die größer ist als man selbst, der wird Sinn, Zuversicht und inneren Reichtum gewinnen.

5. Element: *Achievement (Erfolg)*

Jede Mutter und jeder Vater weiß um die Wichtigkeit von Erfolgserlebnissen. Denn Kinder brauchen zwar eine helfende Hand, aber außerdem zutiefst das Gefühl, selbst etwas erreicht zu haben. Erfolg im Kleinen wie im Großen gehört zu einem gelingenden Leben dazu. Erfolg meint das Erreichen selbst definierter Ziele. Es geht darum, eigene Wirksamkeit zu erleben. Viktor Frankl, der das KZ überlebt und die Logotherapie begründet hat, macht deutlich, dass Erfolg in jeder Lebenssituation möglich ist. Er sagt auf dem Hintergrund seiner eigenen entsetzlichen Erfahrungen: »Man kann dem Menschen alles nehmen, nur nicht die Freiheit, sich so oder so zu den Umständen zu verhalten.« Diese Freiheit zum Perspektivwechsel ermöglicht zuversichtliches Denken. Es kommt letztlich nicht darauf an, was Ihnen begegnet, sondern wie Sie damit umgehen. Es gibt keine Patentrezepte, doch es ist viel gewonnen, wenn Sie einer schwierigen Situation ehrlich gegenübertreten. Wahrer Lebenserfolg besteht nicht darin, Leid oder Misserfolge zu verhindern, zu verleugnen oder zu unterdrücken, sondern Auswege aus Sackgassen zu suchen. Erfolgreich ist letztlich, wer sich auf seine Stärken besinnt, Hilfe in Anspruch nimmt und aufsteht, statt liegen zu bleiben.

Erfolge sind sehr subjektiv. Die meisten Eltern freuen sich, wenn ihr Kind zum ersten Geburtstag die ersten Schritte läuft. Eine Mutter, deren krankes Kind den ersten Schritt als Fünfjähriges bewältigt, wird es als Erfolg begreifen und tief berührt beobachten. Ein Paar, das es schafft, sich nach einem Vertrauensbruch wieder zu versöhnen, hat einen gewaltigen Erfolg für seine Beziehung errungen. Erfolg bedeutet weit mehr, als den besten Studienabschluss zu schaffen, ein großes Vermögen zu besitzen oder den nächsten Schritt auf der Karriereleiter zu gehen. Optimisten und Pessimisten unterscheiden sich gewaltig in ihrer Einschätzung in Bezug auf Erfolg. Ein zuversichtlicher Mensch wird Erfolg als Folge seiner persönlichen Leistung so definieren: »Den Fisch habe ich gefangen, weil ich eine tolle Angeltechnik, ein Gespür für den besten Angelplatz und ein prima Equipment habe.« Ein

Pessimist dagegen wird sagen: »Da hab ich mal Glück gehabt, dass der Fisch gerade bei mir angebissen hat.« Er sieht den Erfolg also eher als Zufall. Erstaunlicherweise dreht sich das Ganze beim Thema Misserfolg sofort um. Der Zuversichtliche wird einen Misserfolg relativieren: »Das kann jedem passieren. Fehler gehören eben dazu, wenn man etwas bewegen will, und daraus kann man etwas lernen.« Ein Pessimist wird die Wirkung eines Fehlers damit verstärken, dass er ihn auf sich persönlich bezieht: »Immer passiert mir so etwas. Da habe ich wieder mal versagt!« Er generalisiert die erlebte Krise und macht sich dadurch hilfloser. Der Psychologe Seligman bezeichnet Pessimismus als eine erlernte Hilflosigkeit. Er empfiehlt, den Blick für das, was zählt, und das, was erfolgt, zu schärfen. Das bedeutet, mit einer konstruktiven Grundhaltung an Aufgaben oder Herausforderungen des Lebens heranzugehen. Schwere Zeiten wie Krankheit, Einsamkeit, Enttäuschungen, Ärger oder Trauer sind Teil unseres Lebens. Erfolgreich ist, wem es gelingt, diese Erfahrungen nicht als Stolpersteine, sondern als Bausteine des Lebens zu deuten.

Die Zuversicht wählen

Eines der einfachsten und schönsten Beispiele dafür ist für mich der amerikanische Kinderbuchklassiker »Polyanna«. Er handelt von einem liebenswerten Mädchen, das die Herzen der Menschen erobert. Das Kind verfügt über eine überaus optimistische Lebensphilosophie, die ihr einst ihr Vater mit auf den Weg gab. Für sie ist es ein »Spiel«, in jeder noch so herausfordernden Lebenssituation etwas Gutes zu finden, über das man sich freuen kann. Der Autorin Eleanor H. Porter wurde von Kritikern oft vorgeworfen, sie sei realitätsfern und würde das Gute nur idealisieren. Ihre Reaktion darauf ist ebenso zurückhaltend wie weise: »Ich habe nie geglaubt, dass wir Beschwernisse und das Böse in der Welt leugnen sollten. Nur dachte ich, es sei weitaus besser, dem Unbekannten, das vor uns liegt, *fröhlich* ins Auge zu schauen.« Möglicherweise ist das eine Definition für Erfolg. Jedenfalls hat es das Buch zum Bestseller und Frau Porter erfolgreich gemacht. Zuversicht beginnt mit der bewussten Entscheidung, etwas positiv zu sehen. Physikalisch gesehen ist Zuversicht eine Verbindung zwischen bestimmten Nervenzellen, die in unserem Gehirn mit jeder guten Erfahrung zu einer Art Trampelpfad werden. Wer anfängt, zuversichtlich zu denken, der macht diese Erfahrung häufiger. Ein positiver Kreislauf wird in Gang gesetzt. Entscheidend für das Verankern dieser Erfahrung ist die Emotion. Je stärker unsere Gefühle bei einem Gedanken oder Erlebnis sind, desto nachhaltiger bleibt es uns in Erinnerung. Also feiern wir das Leben und alles, was uns täglich gelingt. Es liegt bei jedem von uns, die fünf Elemente der PERMA-Strategie für eine Steigerung der Zuversicht und seelischen Widerstandskraft im eigenen Leben zu nutzen.

»Ich habe nie geglaubt, dass wir Beschwernisse und das Böse in der Welt leugnen sollten. Nur dachte ich, es sei weitaus besser, dem Unbekannten, das vor uns liegt, fröhlich ins Auge zu schauen.«

ELEANOR H. PORTER

Steve Jobs, der Firmengründer von Apple, war ein Adoptivkind, brach später die Schule ab, wurde mit dreißig vom eigenen Aufsichtsrat gefeuert und verlor so ziemlich alles, was er hatte. Auf seiner anschließenden Reise durch Europa lernte er die Schönheit der Schrift, die Kalligraphie, kennen und die Schönheit des Lebens wieder schätzen. Er fand den Mut zum Neubeginn, verband zukunftsweisende Technik mit Design und gründete, zurück in den USA, eine neue Firma mit dem Namen NeXT. Diese wurde von Apple gekauft und letztlich wurde Jobs wieder Chef von Apple und machte den Konzern zur erfolgreichsten Marke. 2005 hielt er eine Rede vor Absolventen der Stanford University. Diese Ansprache ist so persönlich, ermutigend und bewegend, dass sie noch heute vielfach zitiert wird. Darin erzählt Jobs die Geschichte seines Lebens und sagt: »Ich bin ziemlich sicher, dass all dies nicht passiert wäre, wenn ich nicht bei Apple rausgeflogen wäre. Es war eine wahrlich bittere Medizin, aber ich nehme an, der Patient brauchte sie. Manchmal wirft einem das Leben einen Ziegelstein an den Kopf. Verlieren Sie nie die Zuversicht! Was mich im Leben aufrecht hielt, war die Liebe zu meiner Arbeit – davon bin ich überzeugt. Sie müssen herausfinden, was Sie lieben. Und das gilt für die Arbeit genauso wie für die Menschen, die Sie lieben. Ihre Arbeit wird einen großen Teil Ihres Lebens ausfüllen, und der einzige Weg zu wirklicher Erfüllung ist eine Arbeit zu finden, die Sie wirklich gut finden. Wirklich gute Arbeit können Sie nur leisten, wenn Sie Ihre Arbeit lieben. Wenn Sie diese noch nicht gefunden haben, suchen Sie weiter! Geben Sie sich nicht vorschnell zufrieden.«[16]

Suchend zu bleiben und sich nicht mit dem Gegebenen abzufinden funktioniert nur, wenn ich zuversichtlich bin. Es geht für jede und jeden von uns darum, sich für die Hoffnung, die Zuversicht, die Zukunft zu entscheiden und die 75% Spielraum zu nutzen, die wir dafür in unserem Leben haben. Also wählen wir die Zuversicht!

Coaching to go

Steigen Sie aus!

Verlassen Sie negative Gedanken, sobald Sie diese bemerken. So verhindern Sie das Entstehen einer Negativspirale, die Ihnen Zuversicht raubt. Verbinden Sie den Gedankenstopp mit einer Handlung oder einem Symbol.
Sabine Asgodom zum Beispiel empfiehlt: »Legen Sie ein Gummiband an Ihr Handgelenk und schnipsen Sie es jedes Mal, sobald das Karussell der negativen Gedanken beginnt. Bald werden Sie es nicht mehr brauchen!«

Schreiben Sie sich stark!

Legen Sie sich ein persönliches Danke-Buch an. Dies ist kein neuer, aber ein äußerst effektiver psychologischer Tipp. Jeden Abend drei gute Erlebnisse, Erfahrungen, dankbare Momente des Tages festzuhalten, schärft Ihre Wahrnehmung des Tages und fördert Ihre Zuversicht sehr nachhaltig.

Werden Sie aktiv!

Segler können nicht über den Wind entscheiden, wohl aber, ob sie die Segel hissen und den Kurs verändern. Werden Sie aktiv und prüfen Sie, welche Dinge Sie tatsächlich beeinflussen können. Wenn sich die Rahmenbedingungen nicht ändern lassen, fragen Sie sich, wie Sie Ihren Handlungsspielraum ausweiten können. Sie müssen nicht die ganze Welt verändern. Setzen Sie ein einziges Segel! Kommen Sie mit einer Tat ins Handeln und achten Sie auf den Erfolg. So steigern Sie langsam Ihre Wirksamkeit.

Ja zum Leben

GESPRÄCH MIT GUDRUN PFLÜGER

Ich bin in der Wildnis Kanadas ein ziemlicher Angsthase gewesen. Bären, Wölfe, Pumas – es gibt sie alle und ich sah in meinen Alpträumen die wilden Tiere direkt auf meinen Spuren. Nichts davon ist tatsächlich so gekommen. Mich fasziniert es, wenn Menschen angstfrei in der Wildnis unterwegs sind. Als ich von Gudrun Pflüger hörte, die als Biologin in der Feldforschung in Kanada teilweise ganz allein in der Wildnis unterwegs war, wurde ich neugierig. Woher kommt der Mut, sich als Teil der Natur zu verstehen, und das Gespür, mit den Gefahren der Wildnis angstfrei umzugehen? Als ich dann noch las, dass Gudrun Pflüger eine schwere Tumorerkrankung mit ihrer ganz eigenen Zuversicht bewältigt hat und dass sie heute anderen Menschen Mut macht, sich selbst und der Natur Vertrauen zu schenken, stand fest, dass ich diese Frau zum Thema Zuversicht befragen möchte! Woher hat sie die Kraft genommen, so schwere Zeiten körperlich und seelisch zu überstehen? Als ich Gudrun Pflüger nach einem Tag voller Aktionen und Vorträge zum »Grünen Aktionstag« im Hygienemuseum Dresden abhole, sind wir innerhalb von Minuten mitten im tiefsten Gespräch. Zum Glück gibt es im Großen Garten ein Parkcafé mit viel Platz zum Spielen für Conrad, ihren aufgeweckten kleinen Sohn. Zwei Stunden Gespräch vergehen wie im Flug und ich verlasse das Café an dem Spätnachmittag mit dem Gefühl, beschenkt worden zu sein.

Frau Pflüger, Sie haben Ihre Tätigkeit als Vortragende, Autorin und Biologin unter den Claim »Livingtracks« gestellt. Welche Spuren möchten Sie hinterlassen?

Ich möchte Menschen dazu bewegen, toleranter, offener und dem Leben mehr zugewandt zu leben. Dafür engagiere ich mich in

Umweltprojekten, spreche vor Kindern in Schulen oder vor Unternehmern. Von den Wölfen habe ich gelernt, dass es sich lohnt, vollkommen im Moment zu sein und aus der genauen Beobachtung heraus zu handeln. Das befreit uns vom Druck, alles kontrollieren und in der Hand haben zu wollen. Das Leben der Wölfe zu studieren, ihre Spuren zu lesen und daraus Schlüsse für die Natur oder Übertragungen für uns Menschen abzuleiten ist meine Leidenschaft. Hier kann ich etwas bewegen und Brücken bauen.

Spuren hinterlässt jeder von uns – die Frage ist, ob du dir dessen bewusst bist und dich entsprechend verhältst. Ich habe das Vertrauen, dass es eine Bedeutung, einen Sinn hat, was ich tue.

Zuversicht ist ja nur zum Teil angeboren, man kann sie auf jeden Fall steigern. Wo nehmen Sie Ihre Zuversicht her?

Von meinem Vater habe ich extreme Zuversicht vorgelebt bekommen. Er ist ein Meister darin gewesen. Man kann sich immer an Menschen orientieren, die den Blick auf das Gute richten und sich damit motivieren. In dem Moment, in dem ich selbst Verluste ertragen musste, ist stets auch etwas Neues in mein Leben getreten. Ja, ich war sterbenskrank und ich hätte nie gedacht, dass ich danach noch einem Kind das Leben schenken kann. Das macht Mut, schwere Zeiten mit mehr Gelassenheit anzunehmen. Steigern lässt sich Zuversicht immer, indem du selbst aktiv wirst, und wenn die Schritte noch so klein sind. Während meiner Krebstherapie habe ich versucht, jeden Tag einen Minispaziergang am Wildbach entlang zu machen. Die Kraft des Wassers hat mir geholfen, mich auf meine inneren Kräfte zu besinnen und sie zu aktivieren. Meine Zuversicht beruht auf einer großen Portion Erfahrungswissen.

Wofür brauchen Sie aktuell Zuversicht?

Gegenwärtig brauche ich die Zuversicht, um meinen Erfahrungen aus der Vergangenheit zu trauen und damit meine Zukunft zu bauen. Ich lebe in einem kleinen Dorf in Österreich. Durch meine selbstständige Tätigkeit bin ich viel unterwegs, ich habe eine eingeschränkte Planungssicherheit bei der Auftragslage und versuche meinem Sohn viel Zeit zu widmen. Das ist herausfordernd. Die Weite Kanadas und die Vielfalt der Welt vermisse ich manchmal. Ich orientiere mich an Menschen, die selbst schwere Zeiten bewältigt haben. Steve Jobs hat mich mit seiner Rede beeindruckt, in der es darum geht, die Punkte, die Puzzleteile oder Bruchstücke deines Lebens zu verbinden. Ich habe viele Puzzleteile und versuche, diese zu einem Ganzen zu verbinden. Dafür brauche ich die kraftvolle Haltung der Zuversicht.

Gudrun Pflüger
Wolfspirit. Meine Geschichte von Wölfen und Wundern
Ostfildern ³2013

Gudrun Pflügers berührende Lebensgeschichte ist viel mehr als ein Wildnis- und Abenteuerbericht. Sie ist ein Zeugnis dafür, wie heilsam die Verbundenheit mit der Natur und wie wichtig die Kraft der Zuversicht ist.

Sie waren in der Österreichischen Nationalmannschaft eine erfolgreiche Skilangläuferin. Wie hat der Leistungssport Ihren Optimismus geprägt?

Beim Ausdauersport brauchst du nicht die Schnelligkeit beim Start. Da geht es weniger um die Taktik, andere sofort zu überholen, sondern du musst deine Kraft einteilen. Du musst darauf trauen, dass eintrifft, was du erhofft und wofür du trainiert hast, auch wenn du das Ziel am Beginn noch nicht vor dir siehst. Das erfordert großes Durchhaltevermögen. Deine Trainingsdisziplin und dein Wille dranzubleiben sind gefragt. Du kommst nur weiter, wenn du dich bewegst. Jammern hilft nicht. Das ist im Leben genauso. Da muss man sich mitunter innerlich bewegen, um vorwärts zu kommen. Diese Einstellung bringe ich aus dem Sport mit.

Sie haben viele Jahre in Kanada gelebt und kennen die zuversichtliche Grundhaltung der Menschen dort. Was können wir von den Kanadiern lernen?

Die heutigen Kanadier sind oft direkte Nachfahren der Pioniere des Westens. Ihre Urahnen haben dürre, endlose Prärien durchquert, unvorstellbare Strapazen überstanden und sich immer wieder motiviert weiterzugehen. Wer tatsächlich ankam im wilden Westen Kanadas, der hat diese Erfahrungen tief in sich verinnerlicht. Er weiß, dass ein Mensch allein verloren ist, dass man sich gegenseitig stützen muss und auf die Hilfe der anderen angewiesen ist. Dieses Wissen führt zu einer Achtsamkeit für andere und zu einer Zuversicht, mit der die Kanadier auch große Herausforderungen leicht nehmen. Wir können lernen, dass es motivierend ist, ein großes Ziel, eine Vision vor Augen zu haben. Sie gibt uns die Kraft, schwierige Zeiten zu bestehen.

Sie haben in Ihrem Buch den Begriff »Wolfspirit« geprägt. Was verbirgt sich dahinter?

Ich habe die heilsame Verbundenheit mit der Natur ganz persönlich erlebt. Viele Begegnungen mit Wölfen haben mich als Forscherin und Biologin fasziniert. Im Innersten berührt hat mich allerdings die äußerst ungewöhnliche Nähe, die ich durch eine Leitwölfin und ihr Rudel in der Küstenregion von British Columbia erleben durfte. Es gibt nichts Vergleichbares. Ich habe mich noch nie so lebendig gefühlt, so als Mensch und zugleich so als ein Teil der Natur. So groß und so klein. So ich.

Kurz darauf wurde bei mir ein Gehirntumor festgestellt. Ich habe Jahre um mein Leben gerungen. Bis heute ist dieses Erlebnis mit den Wölfen eine Quelle für meine Stärke, meinen Optimismus und mein großes Vertrauen in einen guten Ausgang von Herausforderungen. Einer meiner indianischen Freunde sagte mir: Ein Wolf zeigt sich dir nur, wenn er dir etwas erzählen oder mitteilen will. Meine Interpretation ist, dass die Wölfe mir ihre Kraft und ihre Ausdauer für mein Leben und meine weiteren Schritte mitgeben wollten.

Welchen praktischen Rat würden Sie Menschen mitgeben, die gerade in einer schwierigen Lebenssituation stecken und sich nach Zuversicht sehnen?

Beende den Tag immer mit einem Lächeln – und wenn du dafür ein Comic liest. Ich habe in den Monaten meiner schweren Krankheit »Calvin & Hobbes« von Bill Waterson gelesen, um wenigstens einmal am Tag zu lachen. Außerdem hilft es, sich auf das wirklich Wichtige im eigenen Leben zu konzentrieren. Stelle dir die Frage, was du als Erstes in deinem Leben ausmisten würdest und was das Letzte wäre, von dem du dich trennen möchtest. Und dann übernimm die Verantwortung und fang an zu handeln. Geh raus in die Natur, nutze die Kraft, die du dort bekommen kannst. Mein letzter Rat heißt, setze auf Teamwork, egal ob mit anderen Menschen im Verbund oder mit den inneren Kräften und Stimmen in dir. Du brauchst die Fähigkeit, Kräfte zu bündeln. Dies wird dir in Krisen helfen.

Sie zitieren in Ihren Vorträgen gerne das »Wolfcredo«, Sätze der Lebensweisheit, die Gary Snyder formulierte. Welchen der Sätze mögen Sie selbst am meisten?

»Leave your mark – Hinterlasse dein Bestes, dein Wesentliches.« Für mich heißt das: Lebe voll und ganz, hier und heute. Werde wesentlich!

Gudrun Pflüger ist ehemalige Leistungssportlerin. Die engagierte Wildbiologin ist Wolfsexpertin. Sie schreibt Bücher, hält Vorträge und arbeitet für die European Wilderness Society, um Europa ein wenig wilder zu machen. Gudrun Pflüger lebt in Österreich.

einfach achtsam

Das Lassen tun

Ein Wintermorgen am Horselake. Wir haben eben unsere Tochter durch den Wald zum Schulbus gebracht und nun gibt es keinen Grund zu zögern. Wenn ich mein Vorhaben, das Meditieren zu lernen, verwirklichen will, dann ist heute der Tag, damit zu beginnen.

Mein Mann rückt zwei Stühle ans Fenster. Er will mein Experiment nicht nur unterstützen, sondern teilen. Also auf in die Stille!

Eine Kerze muss schon sein, auch am helllichten Vormittag. Das Anzünden der Kerze ist für mich ein Ritual. Ich will eintauchen in eine andere Welt, die Welt in mir. Es fühlt sich etwas merkwürdig an, jetzt die Hände in den Schoß zu legen. Als hätte ich sonst keine Zeit dafür, fallen mir auf einmal lauter Dinge ein, die ich dringend noch machen sollte. Ich bin amüsiert. Es stimmt haargenau, was die Bücher, mit denen ich mich auf mein Experiment vorbereitet habe, sagen: Wer zur Stille finden will, in dem wird es laut. Wer das Lassen üben will, dem fällt eine Menge ein, was er tun muss. Aber ich bin vorgewarnt und fest entschlossen, dem Rat der weisen Teresa von Avila zu folgen. Die spanische Mystikerin aus dem 16. Jahrhundert gehört zu den »dejados«, den Lassern oder Gelassenen. Sie ermutigte, dem Fluss der inneren Bilder zu folgen. Ich denke an Teresa und erlaube mir, das Lassen zu tun. Mein Blick schweift über die Kerze hinaus durch das große Fenster des Blockhauses. Hoch über dem See zieht ein Adler seine Kreise. Ich folge seinem mühelos wirkenden Flug mit den Augen. Auch für mich geht es darum, Abstand zu gewinnen. Ich möchte wiederkehrende Gedankenschleifen verlassen, achtsam das Jetzt wahrnehmen und neue Perspektiven im Leben gewinnen.

Was wird sich einstellen, wenn ich lerne, auf meinen Atem zu achten und in die Stille zu finden? Begegne ich mir selbst? Begegne ich Gott? Welche Themen stellen sich ein oder ist das Nichts ausreichend? Irgendwann bin ich ganz bei mir, kann die Augen schließen, dem ein- und ausströmenden Atem folgen. Ich bin nicht müde, nicht angespannt, sondern ich warte, atme, warte und höre in mich.

Ehrlich, die ersten Male war da allerdings nichts. Ich habe weder besondere Erkenntnismomente noch spirituelle Begegnungen gehabt. Mir tat eher der Rücken weh vom aufrechten Sitzen. Aber Dank meinen Mannes, der ein Wächter der Rhythmen ist, sind wir damals in unserem Sabbatjahr drangeblieben an der meditativen achtsamen Zeit. Jeden Morgen, 365 Tage lang, von wenigen Ausnahmen abgesehen. Irgendwann habe ich mich auf diese Zeit schon richtig gefreut. Sobald ich auf dem Stuhl saß, die Kerze flackernd brannte und die Augen geschlossen waren, trug mich mein Atem in die innere Stille. Ein neuer Raum meines Lebens war entstanden. Ich war ganz präsent. Die 30, später 45 Minuten der Stille wurden zur Quelle der Ruhe, der Zuversicht und Annahme. Danach war ich eigenartig geklärt und entspannt, aber zugleich kreativ und tatendurstig.

Dieses Experiment war eindrücklich. Es liegt jetzt einige Jahre zurück, doch es hat mich überzeugt, den inneren Ausstieg regelmäßig zu wagen. Ob Zeiten der Stille, ein Segensritual im Freien, ein achtsamer Spaziergang, eine meditative Körperreise oder ein duftendes Bad in der Wanne – es gibt viele Möglichkeiten, das Lassen zu tun. Ich habe erlebt und verstanden, dass mir damit eine wichtige Ressource zur Verfügung steht, die ich inzwischen immer öfter sehr bewusst nutze.

Die Kunst, ganz bei sich zu sein

Der Pariser Platz vor dem Brandenburger Tor in Berlin ist voller Leben. Reisegruppen werden herumgeführt und erfahren etwas über die Historie, Kleinkünstler spielen für ihr Publikum, Fahrradkuriere kutschieren Touristen von der Friedrichstraße zum Reichstag, Taxis fahren vor, geschäftige Menschen eilen zielstrebig durch das Tor Richtung Parlament, Handys klingeln, Autos hupen, Musik dringt aus dem nahegelegenen Café. Dieser Ort lebt nach der deutschen Wiedervereinigung wieder und das ist gut so. Nach dem zweiten Weltkrieg waren das Brandenburger Tor und der Platz davor eine Sperrzone, die Ost- und Westberlin voneinander trennte.

»Es liegt im Stillsein eine wunderbare Macht der Klärung, der Reinigung, der Sammlung auf das Wesentliche.«

DIETRICH BONHOEFFER

Seit 1994 gibt es, von vielen Besuchern unbemerkt, im nördlichen Torhaus einen Raum der Stille. Er wurde von einem Förderkreis eingerichtet. Als Vorbild diente der Meditationsraum im Gebäude der Vereinten Nationen in New York, den der damalige UNO-Generalsekretär Dag Hammarskjöld 1954 für die Mitarbeitenden einrichten ließ. Der Berliner Raum der Stille soll allen Menschen, die sich danach sehnen, die Gelegenheit bieten, mitten in der Hektik der Großstadt für eine Weile still zu werden und Kraft für die Bewältigung ihres Alltags mitzunehmen. Außerdem hat er an diesem geschichtsträchtigen Ort zusätzlich die Aufgabe, die Sehnsucht nach Frieden und Toleranz zu bestärken. Als ich an einem Augusttag in den schlichten, schönen Raum trete, bleibt der Lärm der Straße, die Hektik des Stadtlebens draußen und ich genieße es, meinen Herzschlag wahrzunehmen, in die Stille einzutauchen. Ein wunderschöner Webteppich hängt an der Wand, der den Blick fokussiert und an ein Licht erinnert, das die Dunkelheit aufbricht. An diesem Tag, so erfahre ich später von der ehrenamtlich arbeitenden Dame, die einen Informationstisch im Eingangsbereich betreut, waren bereits knapp vierhundert Menschen im Raum der Stille. Vielleicht ist dies ein Spiegel der Befindlichkeit vieler Menschen. Sie sehnen sich nach Räumen der Stille, in denen Sie Kraft gewinnen, um wieder hinauszutreten in den schönen, lebendigen und auch anspruchsvollen Alltag. Genau das haben auch Firmen wie Siemens, Bosch, BWM, der Elektronikkonzern ABB AG oder die Landesstelle des Evangelischen Jugendwerkes Württemberg erkannt. Denn sie stellen ihren Mitarbeitern Räume und Möglichkeiten zur Stärkung der Achtsamkeit, zum Meditieren zur Verfügung. Ich bin mir ziemlich sicher, dass beide Seiten davon profitieren.

Die Stress-Falle verlassen

Der Stressreport der Bundesanstalt für Arbeitsschutz gab 2013 bekannt, dass sich 58 % der Deutschen durch zunehmendes Multitasking und 52 % durch einen immer höheren Termin- und Leistungsdruck gestresst fühlen. Hektik und Unruhe ist nach einer Forsa-Umfrage für 67 % der Deutschen der größte Stressauslöser. Wenn man den Alltag vieler Menschen betrachtet, so fällt auf, dass sich gerade in den letzten Jahren das menschliche Kommunikationsverhalten in rasantem Tempo verändert hat. Am 29. Juni 2007 begann der Run auf das erste iPhone. Es ist eines der Geräte, die unseren Alltag planbarer, die Menschen erreichbarer, die Informationsflut gigantisch und die Reaktionszeiten kürzer gemacht hat. Bedenkt man, dass Gutenbergs Buchdruck ungefähr 200 Jahre brauchte,

»Erfolg hängt nicht von der Menge der Infos ab, die wir haben, sondern davon, wie diese Infos aufgenommen werden – und dies sollte auf achtsame Weise geschehen.«

ELLEN LANGER

um sich global zu verbreiten und selbst der Hörfunk erst nach 20 Jahren flächendeckend angenommen war, dann sind sieben Jahre für diese neue Technologie unglaublich kurz. Heute besitzen in Deutschland über 40 Millionen Menschen ein Smartphone, Tendenz steigend. Die meisten Nutzer sind permanent erreichbar und online verbunden mit dem virtuellen Freundesnetz, der Firma oder der Welt. Es ist in vielen Fällen ein selbst gemachter Stress, denn die Möglichkeiten, die sich mit Smartphone, Tablet oder Computern ergeben, setzen die Verantwortung des Nutzers voraus. Warum sind viele dauernd online, nutzen gleich mehrere Plattformen zum Austausch mit anderen, pflegen nicht nur eines, sondern viele Profile? Ist es die Sorge, abgehängt zu werden, wenn man nicht auf dem neuesten Informationsstand ist? Verbirgt sich dahinter das unangenehme Gefühl, etwas zu verpassen, was wichtig für meinen Beruf, meinen Status, meinen Erfolg ist? Ellen Langer, Professorin für Psychologie an der Harvard University, sagt darauf bezogen: »Erfolg hängt nicht von der Menge der Infos ab, die wir haben, sondern davon, wie diese Infos aufgenommen werden – und dies sollte auf achtsame Weise geschehen.«[17]

Wer seine Informationen oder Mails zu festen, selbst gesetzten Zeiten ohne Ablenkung annimmt, der fokussiert seine Konzentration und entzieht sich der dauernden Erreichbarkeit. In dem dann geschaffenen Zeitfenster können viele Nachrichten und Anfragen konzentriert und daher meist effektiver als zwischendurch bearbeitet werden. Auch das bloße Wahrnehmen von Informationen, ohne diese zugleich zu bewerten, gilt als Anti-Stress-Mittel, das jedem von uns jederzeit zur Verfügung steht. Wer achtsam ist, kann sich deutlich besser erinnern, sagt Ellen Langer. Denken Sie nur einmal an Ihren ersten Kuss. Ich hoffe, es ist eine gute Erinnerung. Wenn dem so ist, dann können Sie sicher noch viele Details dieses Momentes beschreiben und sogar die Stimmung zurückholen, die diesen wunderbaren Augenblick bestimmte. Warum erinnern wir uns an solche Momente, während wir mitunter nicht einmal sagen können, was gestern alles passiert ist? Ein Faktor ist natürlich die Emotionalität, ein anderer aber die Achtsamkeit. Sie waren mit allen Sinnen bei dem anderen und auch mit allen Sinnen bei sich.

Wundermittel Achtsamkeit

Ellen Langer beschäftigt sich seit vielen Jahren mit der psychologischen Bedeutung von Achtsamkeit, lange bevor dieser Begriff Hun-
derte von Publikationen und Zeitschriften füllte und ins allgemeine
Interesse rückte. Bekannt wurde sie, die übrigens als erste Frau einen
Ruf an die Psychologische Fakultät der Harvard University erhielt,
durch eine Studie, in der sie untersuchen ließ, wie unser Umfeld und
unsere innere Einstellung die eigene Wahrnehmung beeinflussen.
Diese sogenannte Counterclockwise-Studie beschreibt, wie 80-Jähri-
ge eine Woche lang in einer Umgebung leben, die sie genau so vor
20 Jahren erlebt haben. Die Probanden kamen deutlich aktiviert und
förmlich rundum verjüngt von ihrer imaginären Zeitreise zurück.
Dabei hatten die Versuchsteilnehmenden lediglich eine veränderte
Umgebung. Förmlich im Unbewussten veränderte dieses Umfeld die
Einstellungen und das Erleben dieser Menschen bis hin zu körperlich
messbaren Veränderungen. Und nun stellen Sie sich einmal vor, die
Versuchsteilnehmer hät-
ten darüber hinaus die
Wer öfter meditiert, wird feststellen, dass er Aufgabe   bekommen,
besser zuhören kann, Unabänderliches leich- ihr Umfeld besonders
ter akzeptiert, sich deutlich besser erinnert bewusst und achtsam
und insgesamt leistungsfähiger wird. wahrzunehmen. In diesem Fall wären die Seniorinnen und Senioren noch präsenter gewesen, was die Veränderungseffekte sicherlich noch verstärkt hätte. Wir
sollten die Kraft der Achtsamkeit nicht unterschätzen.

Achtsamkeit fördert nicht nur Selbstvertrauen und Kreativität, sie
mindert Stress, verringert chronische Schmerzen, macht ruhig und
fördert die Wahrnehmung unserer Innenwelt und unsere emotionale
Intelligenz. Wir können dadurch zum Beispiel innere Antreiber eher
wahrnehmen und schlechte Gewohnheiten unterbrechen. Die Selbstführung und das Einfühlungsvermögen in andere Menschen werden
gestärkt. Wer öfter meditiert, wird feststellen, dass er besser zuhören

kann, Unabänderliches leichter akzeptiert, sich deutlich besser erinnert und insgesamt leistungsfähiger wird. Natürlich geschieht dies nur, wenn man Achtsamkeitsübungen regelmäßig in den Alltag einbaut. Sie werden ja auch nicht schlank, nur weil Sie an einem einzigen Abend gedünstetes Gemüse essen.

Buddhistische Mönche, die eine reichhaltige Achtsamkeitspraxis haben, sind diesbezüglich mentale Spitzensportler. Nach zwanzig Minuten Meditation erzeugt das menschliche Gehirn Alpha-Wellen, mit denen wir kreativer, wirksamer und weniger ängstlich sind. Bei Mönchen, die oft und regelmäßig meditieren, konnten die Alpha-Wellen sogar im normalen Alltagsmodus festgestellt werden. Das heißt, Achtsamkeit ist zu einem Lebensmuster geworden, welches das gesamte Tun durchzieht.

Je nach eigener Glaubenshaltung lässt sich die Meditation mit dem christlichen Herzensgebet, mit Ritualen der Mystiker oder buddhistischen Lehren verbinden. Jeder, der hier eigene Wurzeln hat, sollte diese als seine Kraftquelle nutzen. Für eine heilsame Wirkung der Meditation muss man jedoch weder Buddhist werden noch überhaupt einer Religion angehören oder ins Kloster gehen.

Jon Kabat-Zinn, Molekularbiologe an der University of Massachusetts, hat als Verhaltensbiologe den Ansatz verfolgt, die positiven Erfahrungen meditativer Praxen der Achtsamkeit für die moderne medizinischen Forschung zu nutzen. Mit der *Mindfulness Based Stress Reduction* (MBSR) schuf er ein Programm, mit dem sich Menschen in einem achtwöchigen Kurs gezielt in Achtsamkeit üben und ihre Gesundheit aktiv verbessern können. Es wird heute an zahlreichen Kliniken in den USA und weltweit angewandt. Der Verdienst von Kabat-Zinn ist es, uralte meditative Übungen für eine moderne medizinische Sicht, die den Menschen als Ganzes sieht, anwendbar zu machen.

Auch in Deutschland steigt das Angebot an derartigen Kursprogrammen kontinuierlich und wird von Krankenkassen gezielt zur Prävention stressbedingter Krankheiten genutzt. Es ist faszinierend zu sehen, dass allein achtsame Fokussierung dazu führt, dass unser Immunsystem gestärkt wird, Angststörungen, Stressreaktionen und Depressionen gelindert werden. Beachtlich ist außerdem die Aussage der Wissenschaftler, dass Achtsamkeit die Leistungsfähigkeit verbessert.

Ellen Langer hat auch dies mit einer Studie demonstrieren können. Sie suchte sich Sinfoniker als Versuchskaninchen. Diese Berufsgruppe muss einerseits sehr viel leisten, ist aber auch oft gelangweilt, da die Musiker die gleichen Orchesterstücke wieder und wieder proben müssen. Es wurden zwei Gruppen gebildet. Eine Gruppe bekam die Aufgabe, dem unwissenden Publikum ein bekanntes Stück vorzuspielen. Die andere Gruppe musste ein neues Stück einüben und dieses präsentieren. Das Publikum sollte bewerten, welche der beiden ähnlichen klassischen Stücke besser gespielt wurde. Wesentlich beliebter war mit großer Eindeutigkeit das neu eingeübte Stück. Langer schlussfolgerte daraus, dass die Achtsamkeit, mit der jeder Musiker seine Noten bei dem neuen Stück interpretierte, und die damit verbundene fokussierte Klarheit der eingespielten Routine, in der erlerntes Wissen reproduziert wurde, deutlich überlegen war. Die Achtsamkeit erhöhte demnach die Leistungsfähigkeit, mit der die Musiker ein kurzfristig geübtes, neues Stück dem Publikum ausdrucksstark vorstellen konnten. Wer achtsam ist, findet in der Regel auch Mitmenschen sympathischer und wird selbst charismatischer wahrgenommen. Vielleicht hatten die Musiker der zweiten Gruppe auch deshalb das Publikum auf ihrer Seite.

Stille und Monotasking – ein perfektes Doppel

Weise Menschen wie der heilige Antonius empfehlen: »Geh in die Stille, die Stille wird dich alles lehren.« Was man in der Stille über sich lernt und wie ein Mensch auf absolute Stille reagiert, hat der

Hirnforscher Ernst Pöppel in den Sechzigerjahren in seinen so-genannten »Bunker-Experimenten« erforscht. Die Studie fand im Auftrag der NASA statt, um herauszufinden, wie Menschen auf die Isolation in einer Raumkapsel reagieren würden. Nicht nur seine Studienteilnehmer, sondern auch Pöppel selbst ließen sich für eine bestimmte Zeit in einem Versuchsraum tief unten in der Erde im bayerischen Andechs einschließen. Pöppel beschreibt die erste Zeit als inneres Chaos, begleitet von Gedankenflucht und Unruhe, bevor sich allmählich eine innere Ruhe, hohe Konzentration und schließ-lich das gute Gefühl, sich selbst genug zu sein, einstellten. Nach zwei Wochen wieder zurück im alten Leben, fühlte sich Pöppel »auf eine Art geläutert, die fast schon eine religiöse Komponente hatte«[18].

Es scheint so zu sein, dass man Energie durch die Kombination von Stille und Reduzierung der äußeren Ablenkung bekommt. Das ist ein Grund, weshalb etliche Menschen für eine gewisse Anzahl von Ta-gen ins Kloster oder in ein Haus der Stille gehen.

Allgemein wird immer wieder angenommen, dass die Schnelligkeit unserer Zeit einer der großen Stressfaktoren ist. Dem widerspricht Hirnforscher Gerald Hüther und sagt, die Beschleunigung ist nicht einmal so schlimm. Verheerend dagegen ist die Vergleichzeitigung. Indem wir vieles zur gleichen Zeit machen, wird unsere Wahrneh-mungsfähigkeit geschwächt. Die Folge ist, dass wir nicht mehr un-terscheiden können zwischen wichtig und unwichtig.

Mitunter fehlt überhaupt die Kraft zur Entscheidung. Dabei ist ge-gen Multitasking grundsätzlich nichts einzuwenden, wenn man be-denkt, dass unser Gehirn permanent verschiedene Vorgänge steu-ert – also als Multitasking-Organ arbeitet. Es kann den Herzschlag steuern, während wir uns unterhalten und gleichzeitig die Muskeln koordinieren, die für die Gestik wichtig sind. Doch das sind automa-tische Abläufe. Keiner von uns steuert Herz und Atmung bewusst. Das bedeutet, Multitasking ist möglich, wenn man Automatismen in Kauf nimmt. Wir können alles machen, aber nicht alles davon richtig bzw. bewusst.

Was ist daran neben der höheren Flüchtigkeit der Erinnerungen so schlimm? Es ist die Lebensfreude, die sich unbemerkt schrittweise verabschiedet. Die Intensität unserer Erfahrungen, Erlebnisse und Begegnungen verflacht. Leben wird austauschbar. Lebensfreude hängt stark mit innerer Berührung, mit wirklicher Begeisterung oder emotionaler Beteiligung zusammen. Denken Sie noch einmal an den ersten Kuss zurück. Haben Sie damals parallel E-Mails gecheckt, den Song im Radio gedanklich mitgesungen oder Punkte auf der To-Do-Liste abgehakt? Vermutlich waren sie ganz und gar bei der Sache. Monotasking pur! Je häufiger Sie die Erfahrung von Stille und klarer Achtsamkeit in Ihrem Leben integrieren, desto besser werden Sie dem Stress Grenzen setzen.

Achtsamkeit im Alltag praktizieren

Viele Menschen sind heute auf der Suche nach Achtsamkeit, so wie der Google-Entwickler Chade Meng-Tan. Er war dermaßen begeistert von der Kraft der Meditation, dass er ein firmeninternes Achtsamkeitsprogramm anstieß. Ein achtsamer Bewusstseinszustand lässt sich aber auch ganz individuell trainieren. Das Entscheidende dafür ist die eigene Einstellung, das innere Ja zu diesem Achtsamkeitstraining. »Schalten Sie das Telefon oder Handy aus. Verlassen Sie eine Zeit lang das Getriebe. Die Welt kann warten. Schon indem Sie diese Grenze ziehen, erschaffen Sie einen Raum, der ausschließlich Ihnen gehört – das ist ein erster wichtiger Schritt, um die Wahrnehmung auf sich selbst zu lenken«[19], schreibt Jan Thorsten Eßwein in seinem Buch »Achtsamkeitstraining«. Die praktische Umsetzung ist nicht kompliziert. Eine Yogamatte ausgerollt, vielleicht ein Sitzkissen, eine Duftkerze fürs Ambiente und möglichst ein Blickfeld, was ins Grüne, zumindest aber in einen geordneten Raum weist. Dort können Sie eine achtsame Haltung einnehmen und in der Stille Kraft gewinnen.

Der Anfang kann schwierig sein. Es fällt den meisten Menschen schwer, einige Minuten still zu sein, zu sitzen, zu atmen und nichts zu tun. Aber es ist die Voraussetzung, um dem Modus des ständigen Funktionierens zu entkommen. Hier kommt man nur mit großer Geduld, mit Toleranz gegenüber der eigenen Unlust und kleinen Portionen beim Einüben weiter. Ein Erfolgserlebnis schaffen Sie sich, wenn Sie mit einer einminütigen Achtsamkeitsübung beginnen. Der Tag hat für jeden Menschen 1440 Minuten. Eine dieser 1440 Minuten können Sie für sich investieren, das ist machbar. Ich lade Sie jetzt direkt zu einer kleinen Übung ein.

Haben Sie Lust? Dann lesen Sie die folgende Anleitung und legen anschließend das Buch zur Seite. Stellen Sie sich einen Wecker auf genau eine Minute und probieren Sie es aus. Sitzen Sie aufrecht. Beide Füße stehen auf dem Boden. Der Kopf ist erhoben, als würde er, wie bei einer Marionette, am Hinterkopf mit einem Faden locker von oben gehalten. So hat Ihr Brustkorb Raum zum tiefen Atmen. Lassen Sie die Luft beim Einatmen bis in den Bauchraum strömen. Zur Unterstützung können Sie Ihre Hände locker in Nabelhöhe auf den Bauch legen. Dann fließt der Atem automatisch in Richtung Ihrer Hände. Lenken Sie Ihre Aufmerksamkeit auf den Atem, der ganz selbstständig fließt. Damit bleiben Sie direkt im Hier und Jetzt. Akzeptieren Sie die Gedanken, die auftauchen, aber lösen Sie keine Probleme. Achten Sie wieder auf den Atem und holen Ihre Aufmerksamkeit dahin zurück.

Die Minute wird rasch vorbei sein. Danach kurz aufstehen, räkeln, dehnen.

Diese Ein-Minuten-Meditation ist völlig unspektakulär und Sie sind um eine Erfahrung reicher. Wenn Sie mögen, dann verlängern Sie allmählich den Zeitraum für diese kleine Atemübung. Eine große Hilfe ist es, dies möglichst immer zur gleichen Tageszeit zu machen. So lassen sich Achtsamkeitsübungen leichter im Alltag integrieren.

Eßwein beschreibt sieben Haltungen, mit denen Menschen in die Achtsamkeitsübung hineingehen sollen:

1. annehmen, was ist
2. offen sein
3. nicht urteilen
4. nichts beabsichtigen
5. vertrauen
6. geduldig üben
7. loslassen

Wenn ich mich an meinen eigenen Einstieg in die Zeit der Stille erinnere, dann hat es mir geholfen, den Blick auf das flackernde Licht der Kerze zu konzentrieren. Andere berichten davon, dass sie ein Bild, einen schönen Kunst- oder Naturgegenstand betrachten. Es kann auch hilfreich sein, sich passend zum Ein- und Ausatmen einen Spruch wie ein Mantra in Gedanken zuzusprechen, beispielsweise »Für mein Leben – sag ich Dank«, »Ich bin jetzt – ganz bei mir« oder »Diese Ruhe – tut mir gut«. Forschen Sie selbst nach dem Satz, der am besten zu Ihnen passt.

Mir persönlich haben folgende Worte im Rhythmus meines Atems gutgetan: »Gott in mir – ich in dir« Sie machen mir bewusst, Teil von etwas Großen zu sein und bringen mich in Berührung mit der nie endenden Aufgabe, mein Leben als Geschenk zu verstehen und dieses mit anderen zu teilen. Es ist ein ständiges, meditatives sich Annähern an die Frage nach dem Sinn, dem Wozu des Seins.

Wenn Sie in Ihrem Alltag achtsamer werden möchten, dann können Ihnen folgende drei Perspektiven mit den dazugehörigen Beobachtungsfragen weiterhelfen:

1. Achtsames Beobachten von Verhaltensweisen

Beobachten Sie Ihren Umgang mit Emotionen und Stress. Was löst Ärger, Stress, Unruhe aus? Welche Gefühle verstärken Sie, indem Sie diese immer wieder benennen? Wie reagiert dann Ihr Körper darauf? Wie achtsam gehen Sie mit Essen um? Schmecken, riechen und genießen Sie Ihr Essen?

2. Achtsamer Umgang mit der eigenen Kommunikation

Hören Sie aufmerksam zu oder warten Sie nur auf die Gelegenheit, zu sprechen? Können Sie sich klar und emotional angemessen ausdrücken? Gelingt es Ihnen, den Blickwinkel zu wechseln und die Perspektive des Gegenübers ebenfalls einzunehmen? Haben Sie Erlaubnissätze, die Ihnen im Umgang mit dem inneren Kritiker helfen? (z.B. Ich darf mir jetzt Ruhe gönnen. Ich darf mir Zeit für diese Aufgabe lassen. Ich darf um Hilfe bitten.)

3. Achtsamer Umgang mit technischen Geräten

Wie oft schauen Sie nach Ihren E-Mails (zweimal täglich sollte gut reichen)? Haben Sie die Signaltöne für eingehende SMS oder E-Mails am Handy oder Computer ausgeschaltet? Verzichten Sie auf das Geräusch des Anklopfens beim Telefon, um mit ganzer Aufmerksamkeit beim aktuellen Anrufer zu sein? Gehen Sie entspannt, mit einem Lächeln im Herzen ans Telefon und achten Sie auf Ihre innere Haltung.

Es lohnt sich, öfter einmal offline zu gehen, dem Monotasking den Vorzug zu geben und vor allem den Wert der Stille neu zu entdecken. Ein achtsamer Spaziergang im Grünen, das Handy bewusst daheim gelassen, wird Sie seelisch aktivieren. Egal ob Sie achtsam sitzen und meditieren, gelassen und gleichmäßig Ihre Runden schwimmen oder entschleunigt durch den Wald joggeln, all das hilft Ihnen, fokussierter zu leben und mit Stress besser umzugehen. Achtsamkeit wird Ihr Leben erfüllter, weil bewusster machen. Und an den achtsamen Kuss beim nächsten Mal wird sich Ihr Partner garantiert noch länger erinnern.

Coaching to go

Suchen Sie Zeitinseln auf

Man muss nicht gleich das ganze Leben umkrempeln. Ein guter Einstieg in die Achtsamkeit ist, sich bewusste Zeitinseln zu schaffen. Die kürzeste Einheit kann eine Ein-Minuten-Meditation sein. Schauen Sie sich mal den Filmclip an:

http://www.youtube.com/watch?v=tfetFVePqWo

Wann ist Ihre beste Möglichkeit, allein und ungestört zu sein? Erforschen Sie, was sich für Sie realisieren lässt, egal wie kurz oder lang. Hauptsache, Sie steuern die Zeitinsel regelmäßig an. Ihre Insel kann eine Viertelstunde, eine Stunde oder auch einen ganzen Tag bedeuten. Fangen Sie mit kleinen Einheiten an, die Sie fest im Alltag reservieren und im Kalender eintragen.

Schaffen Sie sich Raum

Besonders Frauen setzen eine Achtsamkeitsübung viel leichter um, wenn Sie sich auf diesen Moment freuen können. Dazu gehört ein Platz, der mit wenigen Handgriffen zum Wohlfühlort wird, oder ein Ort in der Natur, an dem Sie sich ungestört fühlen können. Suchen und schaffen Sie sich Ihre Oase. Vielleicht beginnen Sie mit dem Kauf einer schönen Kerze, einem Meditationskissen oder Sie legen ein Fell über einen Stuhl und stellen diesen ans Fenster mit Ausblick.

Nutzen Sie Unterstützung

Manche Menschen schaffen Achtsamkeitsübungen auf Anhieb allein und fühlen sich dabei sehr wohl. Andere brauchen eine Gruppe

Gleichgesinnter, wieder anderen reicht es, ein Buch mit Anleitungen zur Achtsamkeitsübung, eine CD oder Ähnliches zu nutzen.

Jan Thorsten Eßwein
Achtsamkeitstraining
München 2010

In diesem Buch werden Sinn und Zweck der Übungen komprimiert vorgestellt. Praktische Tipps sind leicht umsetzbar, mit einer gesprochenen Anleitung zum Bodyscan, zur Sitzmeditation und weiteren Übungen auf beiliegender CD.

Fasten Sie digital

Fasten ist weder Verbot noch Selbstbestrafung. Fasten ist ein freiwilliger, begrenzter Verzicht, um etwas Größeres, Besseres zu gewinnen. Zeit zum Beispiel, Gelassenheit oder Selbstbestimmtheit. Entscheiden Sie, wann und wie lange Sie auf Ihr Smartphone oder den Computer verzichten wollen. Vielleicht einen Tag am Wochenende? Oder abends, wenn Sie nach Hause gekommen sind? Probieren Sie es einfach mal aus. Wie geht es Ihnen damit?

Eine Frage der Haltung

Er hat den Hut auf in seinem Leben. Jan Eßwein fällt mir bei unserer ersten Begegnung durch sein Outfit auf. Ein schlanker, hochgewachsener Mann, weißes Hemd, gut sitzende Jeans, Sakko über dem Arm und ein Hut auf dem Kopf. Ungewöhnlich auf einem Businessforum. Noch ungewöhnlicher dann seine Vorstellung. Ehrlich und sehr persönlich berichtet er von einem plötzlichen Tinnitus, der ihm letztlich geholfen hat, seinen Weg konsequent zu verfolgen und zu dem Menschen zu werden, der er heute ist. Stille und Meditation sind heute seine Kraftquelle. Er ist mit über 100.000 verkauften Büchern einer der meist gelesenen Autoren zum Thema Achtsamkeit in Deutschland. Es macht Spaß, sich mit ihm zu unterhalten, denn Jan Eßwein ist ein Mann mitten im Leben, humorvoll und gebildet.

Die meisten Menschen empfinden es als wohltuend, zwischendurch einmal ihre Ruhe zu haben. Ein Wochenende allein kann schön sein, doch auf gute Musik, einen Film oder ein Telefonat mit Freunden würden sie sicher ungern verzichten. Ein halbes Jahr lang zu schweigen, wie es Jan Eßwein in einem nepalesischen Meditationszentrum getan hat, ist etwas ganz anderes. Ich frage mich, wie man die dann aufbrechenden Themen, Fragen und Prozesse im Inneren bewältigt.

Herr Eßwein, wie ging es Ihnen in dieser unglaublich langen Schweige-zeit? Verraten Sie uns eine Erkenntnis, die Sie daraus mitgenommen haben?

In diesem halben Jahr im Schweigen war alles dabei, was ein Mensch innerlich erleben kann: Widerstände, Schmerzen, Einsamkeit, Ärger,

Trauer, Zweifel, aber auch Glücksgefühle, tiefe Ruhe, Klarheit und vieles mehr. Es war die größte Herausforderung meines Lebens. Eine wichtige Erkenntnis kann ich an folgendem Erlebnis festmachen: Ich wusste, dass ich zwei Monate nach Beginn des Retreats einen Einkauf organisieren konnte und begann im Vorhinein eine Einkaufsliste zu erstellen. Diese Liste wurde über Wochen immer länger. Doch ungefähr nach sechs Wochen begann ich, immer öfter in der Meditation eine geistige Klarheit und ein mir bis dahin unbekanntes, intensives und durchdringendes Glücksgefühl zu erleben. Ich war tief zufrieden und innerlich erfüllt, einfach weil mein Geist ganz ruhig und klar war. Manchmal reichte ein bewusster Atemzug aus, um dieses Empfinden ganz stark werden zu lassen. In dieser Phase begann ich nun, Dinge von der Einkaufsliste zu streichen, bis nur noch das absolut nötigste drauf stand: Seife, Rasiercreme und Zahnpasta.

Gab es einen Punkt, an dem Sie aussteigen wollten – und wenn ja, wie haben Sie diesen überwunden?

Ja, den gab es schon nach ein bis zwei Wochen. Der Anfang war einfach zäh: die Umstellung auf 14 bis 16 Stunden Meditation am Tag in fast vollständiger Isolation, ohne Gespräche, ohne Blickkontakt. Meine Knie schmerzten, meine Konzentration war mies, mir schwirrten tausende Gedanken durch den Kopf, ich hatte enorme Widerstände und die vor mir liegende Zeit war nicht überschaubar. Ich dachte über verlockende Alternativen nach wie Bergwandern im Himalaya oder eine Reise zu den Stränden in Goa und natürlich meine damalige Freundin zu sehen. Mir war aber auch klar, dass ich, falls ich das Retreat abbreche, meinen Traum, meine Vision verraten würde und dass diese Chance möglicherweise nicht wiederkehren würde. Ich hatte mich schließlich seit einem Jahr darauf vorbereitet. Durch die Meditation wurde meine Achtsamkeit stärker und damit auch die Fähigkeit innerlich einen Schritt zurückzutreten, meine Gedanken und Erfahrungen mit etwas Abstand zu betrachten. Nach ungefähr drei Wochen konnte ich so meine Widerstände Stück für Stück loslassen. Zugleich wurden die emotionalen und körperlichen Schmerzen weniger. Ich beschloss, durch den Prozess zu gehen und mich allem zu stellen, was kommt.

Was war letztlich der Gewinn dieser Zeit für Sie?

Ich konnte die Achtsamkeit in einigen Bereichen meines Lebens verinnerlichen und lebe viel mehr im Moment als vor meiner Zeit im Kloster. Dadurch dass ich die kleinen Momente des Lebens bewusster wahrnehme, bin ich wesentlich zufriedener geworden und habe Zugang zu einem Empfinden tiefer Ruhe. Zugleich habe ich im Kloster meine Lebensaufgabe erkannt: den Menschen im Westen, die noch nichts von der zutiefst positiven und heilsamen Kraft der Achtsamkeit wissen, dieses Thema esoterikfrei und alltagsgerecht nahe zu bringen.

Wie schaffen Sie es heute, sieben Jahre danach, als gefragter Achtsamkeitstrainer, Redner und Autor auf sich selbst und Ihre Balance zu achten? Haben Sie spezielle tägliche Rituale?

Körperliche Fitness und mentale Balance sind wichtige Werte für mich und daher sind die täglichen Übungen weit oben auf meiner Prioritätenliste. Das ist auch Voraussetzung dafür, dass ich glaubwürdig auf der Bühne oder im Training stehen und über Achtsamkeit sprechen kann. Ich mache im täglichen Wechsel Yogaübungen und Fitnesstraining, gefolgt von einer Atem-Meditation. Zum Abschluss spreche ich laut einige Affirmationen, mit denen ich mir meine zentralen Werte und Kraftquellen ins Bewusstsein rufe. Dieser Ablauf dauert zwischen 30 und 90 Minuten. Je dichter und fordernder mein Alltag ist, desto mehr achte ich darauf, meine Energie hochzuhalten und meinen Geist zu fokussieren. Das lässt mich einerseits hohe Beanspruchungen besser kompensieren und andererseits meine Grenzen klarer wahrnehmen. So merke ich meist früh genug, wenn ich eine Pause und Zeit zum Regenerieren brauche. Natürlich gibt es auch bei mir Tage, an denen ich es nicht schaffe oder mich nicht aufraffen kann zu üben. Aber ich beginne einfach immer wieder von neuem.

Barbara Frederickson als Vertreterin der Positiven Psychologie und zahlreiche Vertreter der Neurowissenschaften empfehlen die Meditation als Schlüssel zur Selbstwahrnehmung. Wie kann man Menschen unterstützen, sich darauf einzulassen, wenn sie eher kopfgesteuert sind?

Rational geprägte Menschen hole ich dort ab, wo sie sind. Ich lege eine schlüssige Argumentation vor, nutze eine absolut esoterikfreie Sprache, beziehe mich auf deren spezielle Arbeits- und Lebenssituation. Ich stimme die Übungen in den Trainings dann soweit wie möglich auf die Alltagsanforderungen der Teilnehmer ab. Übrigens gibt es eine enorme Anzahl aktueller wissenschaftlicher Studien, die Wirkungen und Nutzen der Achtsamkeit eindeutig belegen.

Es gibt für viele Menschen Zeiten im Leben, da läuft es einfach nicht wie geplant. Ich habe unglaublich viel zu tun, bin in Zeitnot und weiß nicht, wo ich anfangen soll. Gelassene Achtsamkeit ist dann ein Reizwort, denn man fühlt sich noch mehr unter Druck gesetzt und fühlt sich als Versager auf der ganzen Linie. Gibt es eine »Notfallmedizin« der Achtsamkeit, die hier Wirkung zeigt?

Wie man normalerweise nicht bei Windstärke zwölf das Segeln erlernt ist eine Phase von Hochstress nicht die beste Zeit, um mit dem Achtsamkeitstraining zu beginnen. In den meisten Fällen rate ich, sich nicht noch einen zusätzlichen Programmpunkt in die Agenda zu pressen, sondern zu warten, bis sich der Wind ein wenig gelegt hat. Ich verstehe Achtsamkeit nicht als Notfallmedizin, sondern als eine Haltung, einen Lebensweg. Diese Einstellung misst dem Jetzt große Bedeutung bei und begegnet dem Leben offen, aufmerksam, wach präsent, wertschätzend. Und das braucht Übung.

Mein Tipp dazu ist folgender: Üben Sie für drei Wochen jeden Morgen für fünf Minuten Meditation auf den Atem. Spüren Sie ganz genau die Empfindungen des Ein- und Ausstreichens der Atemluft an der Innenseite der Nase. Wenn Sie durch Gedanken abgelenkt werden, kommen Sie möglichst direkt zum Spüren zurück. Es ist wichtig, dass Sie diese

Fokussierung auch ein Stück weit in Ihren Alltag übertragen. Nach drei Wochen reflektieren Sie über Ihre Erfahrungen. Wenn Sie positive Veränderungen bemerkt haben, machen Sie weiter mit Ihrem Achtsamkeitstraining.

Warum ist Achtsamkeit viel mehr als ein Modethema? Was ist Ihre Prognose diesbezüglich für die Zukunft?

Aufmerksamkeit ist die knappste und kostbarste Ressource in einer Gesellschaft, die überwiegend aus Kopfarbeitern besteht. Wenn Sie den Fachkräftemangel und den demografischen Wandel hinzunehmen, wird dieser Engpass in Zukunft noch kritischer. Insbesondere die Unternehmen haben ein großes und steigendes Interesse, ja, sie werden vom Markt mehr und mehr gezwungen werden, die mentalen Ressourcen ihrer High-Potentials bestmöglich zu nutzen. In den USA ist diese Entwicklung schon längst im Alltag der führenden Unternehmen angekommen.

Sie sind dem Dalai Lama persönlich begegnet. Gibt es eine Aussage oder Erkenntnis dieser besonderen Persönlichkeit, die Sie besonders schätzen und die sich als Ermutigung im Blick auf die Achtsamkeit eignet?

Mein Lieblings-Zitat des Dalai Lama lautet: »Schmerz ist unvermeidbar, Leiden ist Entscheidungssache.« Wenn Sie in einer schwierigen Situation achtsam sind, treten Sie innerlich einen kleinen Schritt zurück und können Ihre Reaktionsmuster mit etwas Abstand betrachten. Dadurch werden Sie gelassener und gewinnen mehr Spielraum, um Ihre Reaktionen bewusster und heilsamer zu gestalten.

Jan Thorsten Eßwein ist Physiotherapeut, Yogalehrer und Experte für das Thema Achtsamkeit. Er führt eine eigene Praxis und gibt sein Wissen in Vorträgen oder Seminaren weiter. Jan Thorsten Esswein lebt in München.

einfach bewegt

Bewegungsfreudig

Es riecht würzig nach Harz und Holz, als ich durch den Wald laufe. Dieser Weg ist Neuland für mich. Durch Zufall habe ich beim Morgenspaziergang mit meiner Hündin den Wegweiser zum »Sieben Brücken Weg« gesehen und bin ihm neugierig gefolgt. Der Tag wird heiß. Hier im Tal, entlang des plätschernden Baches, ist es noch angenehm kühl. Mir tut dieses stille Laufen unglaublich gut. Gedanken können sich setzen. Ich spüre meine Muskeln und bin dankbar, mich ohne Schmerzen bewegen zu können. Bewegung ist immer mehr zu einem Teil meines Lebens geworden.

Während der Hund im Gesträuch stromert, entdecke ich einen umgestürzten, bemoosten Stamm, der gleich einer Brücke über den plätschernden Bach hinweg, schräg hinauf zur anderen Seite des Tales gefallen ist. Als Kind hätte es mich gereizt, diese Naturbrücke auszuprobieren. Und heute? »Ich habe nicht das passende Schuhwerk an, um trittfest zu laufen. – Na und, dann zieh es eben aus. – Ich könnte abrutschen und mir das Fußgelenk verstauchen oder runterfallen und im Matsch landen. – Ja, das kann passieren. Musst eben aufpassen. Das ist ja der Witz bei der Sache!« Der innere Dialog gewinnt an Fahrt. Ich schaue mich noch mal kurz um. Kein Mensch weit und breit, der meinen Sieg oder Reinfall kommentieren könnte. Rasch streife ich die Sandalen von den Füßen und steige auf den alten Stamm, bevor das Zögern in mir die Oberhand gewinnen kann. Langsam, Schritt für Schritt balanciere ich über den Baumstamm. Ich bin stolz wie Oskar, als ich auf der anderen Seite ankomme. Doch als ich mich umdrehe und die Neigung nach unten für meinen Rückweg betrachte, verlässt mich dann doch der Mut. Also springe ich ab, nehme den Weg über den Waldboden, dann durch den Bach und komme etwas verdreckt, aber höchst vergnügt wieder bei meinen Schuhen an. Der Hund sitzt daneben, hat seinen Kopf schief gelegt und schaut mich an, als wüsste er nicht genau, was davon zu halten ist. Bei Kindern ist diese Neugier und Bewegungsfreude ganz natürlich. Über Baumstämme klettern, das Treppengeländer als Rutsche nehmen, über Pfützen springen – all das macht Spaß und gute Laune. Wieso verlieren wir den Zugang zu diesen kleinen Bewegungen, je älter wir werden?

Hippokrates, einer der Urväter der Medizin, hielt Spazierengehen in der Natur für das beste aller Heilmittel. Bewegung tut gut, ja sie hält uns auf jeden Fall gesund. Ein triftiger Grund für mich, das Thema Bewegung in den Kanon der sieben wichtigen Impulse für ein erfülltes Leben einzubeziehen.

Wundermittel Bewegung

Was macht die Bewegung so wichtig, dass sie zu einem erfüllten Leben unbedingt dazu gehört?

Bewegung ist eine Art Wundermedizin, die sich jeder Arzt für seine Patienten nur wünschen kann. Sie ist Heilmittel und Vorsorge zugleich. Bewegung mindert Herzprobleme, verzögert den Ausbruch erblich bedingter Krankheiten und verringert das Risiko, an Demenz, Diabetes oder Depression zu erkranken.

Vier Bereiche des menschlichen Organismus werden direkt durch Bewegung beeinflusst. Die Anatomie (Körperaufbau), die Physiologie (Vorgänge im Körper wie z.B. der Stoffwechsel), das Erbgut und unsere Psyche (Gefühle, Empfindungen). So gesehen lässt sich ohne zu übertreiben sagen, dass Bewegung das Fundament unserer Gesundheit ist. Ich bin kein Arzt, aber mich fasziniert, was für ein Wunderwerk der menschliche Körper ist. Näher betrachtet passiert Erstaunliches in uns, wenn wir uns bewegen. Im anatomischen Bereich führen Botenstoffe, die bei Bewegungen ausgeschüttet werden, beispielsweise dazu, dass Gelenkschmerzen oder rheumatische Entzündungen eher nachlassen.

»Wenn wir jedem Individuum das richtige Maß an Nahrung und Bewegung zukommen lassen könnten, hätten wir den sichersten Weg zur Gesundheit gefunden.«

HIPPOKRATES

Physiologisch gesehen kräftigt gezielte Bewegung Knochen, Gelenke, Gewebe und Organe. Zellen im Darm etwa werden zu größerer Aktivität angeregt. Das führt dazu, dass Fette und Zuckerbestandteile schneller abgebaut werden, was wiederum Diabetes oder Übergewicht entgegenwirkt. Regelmäßiger Sport steigert die Immunabwehr. Untersuchungen bestätigen, dass genau dies das Risiko halbiert, an Darmkrebs zu erkranken. Die Erkenntnisse über den Zusammenhang von Bewegung und Genesung führen dazu, dass nach Operationen oder schweren Krankheiten wie einem Herzinfarkt heute schon früh Bewegungsangebote für die Betreffenden eingesetzt werden. Von einer tagelangen Schonhaltung im Bett, wie man sie früher verordnete, ist schon längst nicht mehr die Rede.

Forscher sind fasziniert davon, dass bereits 20 Minuten körperlicher Anstrengung reichen, um einen Prozess in Gang zu bringen, bei dem winzige chemische Blockaden am Erbmolekül abgebaut werden. Stressbedingte Schäden werden somit repariert und in der Folge das Erbgut verbessert. Am schnellsten spürbar wird der Bewegungseffekt in der Psyche. Mein Mann und ich bauen bei unseren Seminaren gezielt Bewegungsimpulse ein, denn schon ein einfacher Spaziergang verankert das erworbene Wissen besser im Gehirn. Wer sich moderat, vielleicht sogar noch gemeinsam mit anderen regelmäßig bewegt, der weiß aus eigener Erfahrung, dass dies unmittelbar die Lebensfreude steigert und die Stimmung aufhellt. Dafür sorgen Botenstoffe wie etwa das Serotonin, dessen Konzentration nach sportlicher Betätigung in unserem Körper ansteigt. Auch das »Gute-Laune-Hormon« Dopamin und das körpereigene Opiat Endorphin werden vermehrt. So kommt es, dass viele Menschen die Erfahrung machen, Bewegung macht glücklich.

Wichtig ist nicht, wie viel, sondern dass wir uns bewegen.

Wichtig ist nicht, wie viel, sondern dass wir uns bewegen. Denn jede Aktivität des Körpers löst einen stärkeren Blutfluss aus, der Sauerstoff und Signalstoffe in unsere Körperzellen bis hin zum Gehirn transportiert. Dies ist natürlich auch steigerbar. Das Herz eines Spitzensportlers ist beispielsweise in der Lage, mehr als doppelt so viel Blut zu transportieren wie das Herz eines untrainierten Menschen. Doch selbst im Körper eines gut trainierten Ausdauersportlers sind bis zu 35% mehr rote Blutkörperchen vorhanden, die den Sauerstoff zu den einzelnen Zellen bringen. Daraufhin bilden sich neue Verknüpfungen zwischen den Nervenzellen. Logisch, dass dies auch eine Auswirkung auf die geistigen Fähigkeiten hat.

Bewegungsfreude statt Kampfgeist

Ich stand kürzlich als Zuschauerin im Zieleinlauf des Moritzburger Triathlons. Die Kombination aus Schwimmen, Radfahren und Laufen beeindruckt mich immer wieder. Ein Läufer kam gerade durch die letzte Kurve in Richtung Zieleinlauf gerannt und setzte zum Endspurt auf der Zielgeraden an. Die digitale Zeitanzeige zeigte 11.59.10. Noch 50 Sekunden, um unter zwölf Stunden ins Ziel zu kommen. Da riss sich im Publikum plötzlich ein kleiner Junge von der Hand seiner

Mutter los, schrie »Paaapaaa« und schlüpfte schnell wie ein Wiesel unter der Absperrung hindurch. Er stürmte auf den Athleten zu und dann passierte etwas Unglaubliches. Zum jubelnden Applaus der Zuschauer nahm der Vater seinen Sohn an die Hand, drehte um und lief eine Ehrenrunde mit seinem Kind. Da keine anderen Läufer unterwegs waren, nutzte er den abgesperrten Zieleinlauf und bereitete seinem stolzen Sohn damit eine riesige Freude. Der Kleine joggte mit einem breiten Lächeln neben dem Papa her und dann liefen beide gemeinsam in einem Tempo, das den Kinderbeinen angemessen war, ins Ziel. Die Zeit war zweitrangig.

Wer schon mal den Kampfgeist und die Energie von Läufern beim Zieleinlauf im Wettkampf miterlebt hat, der versteht, dass hier etwas Außergewöhnliches passiert ist.

Das Ziel dieses Athleten war offensichtlich nicht, die beste Zeit zu erreichen, sondern anzukommen, die gesamte Distanz zu bewältigen. Er hatte vor allem Freude an seinem Sport und Freude an seinem Kind.

Nicht der Sport an sich, sondern die Freude an der Bewegung ist lebensnotwendig, sagt Sportpsychologe Jens Kleinert von der Deutschen Sporthochschule Köln im Blick auf die breite Masse der Menschen. Er meint damit natürlich nicht die Leistungs- oder Hobbysportler, denen ihr Sport sowieso ein Bedürfnis und eine Freude ist. Kleinert warnt davor, für alle Menschen den Druck aufzubauen, man müsse Sport machen. Das kann Menschen ziemlich unglücklich machen, weil es zu zwanghaften oder angstbesetzten Verhaltensmustern führt. Sport ist nicht unbedingt wichtig, um gesund, psychisch stabil oder rundum zufrieden zu sein. Bewegung dagegen schon! Immerhin sterben weltweit 5,3 Millionen Menschen jährlich an den Folgen von Bewegungsmangel.

Dabei bewegen wir uns schon sehr früh meistens von ganz allein. Bereits im Mutterleib atmen Kinder aus, führen die Hand zum Mund, lutschen an ihrem Daumen oder strampeln nach Herzenslust. Das sind Programme, die unser Körper ohne äußeres Zutun entwickelt. Wenn das Baby zur Welt kommt und schreit, so ist selbst das eine

Form der Bewegung, denn die Stimmbänder werden mithilfe von Muskeln auf eine bestimmte Spannung gebracht. Mit ungefähr drei Monaten wird das Kind seinen Kopf heben. Es rollt sich aus eigener Kraft auf den Bauch und kann damit sogar seine Position wechseln. Mit sieben Monaten wird es vielleicht sitzen und dann wird es richtig mobil und krabbelt auf allen Vieren los.

Das Wichtigste beim Bewegen ist von innen kommende Lust und Freude an der Bewegung. Darin sind sich Hirnforscher, Sportpsychologen und Trainer einig. Wer etwas richtig gerne, förmlich als Selbstzweck tut, der kann es genießen. Gerald Hüther bestärkt Eltern, sich nicht als Lehrer, sondern als Schatzsucher zu verstehen, die darauf achten, was das Kind selbst zu erlernen versucht, und es darin bekräftigen. [20] Natürlich braucht es dafür den Freiraum zum Entdecken, Möglichkeiten, sich im Spiel auszutesten, oder Angebote zum Ausprobieren.

Das Wichtigste beim Bewegen ist von innen kommende Lust und Freude an der Bewegung.

Doch egal was, der Mensch lernt immer am besten mit Begeisterung. Das ist bei der Bewegung und beim Sport genauso wie bei rein kognitiven Fähigkeiten. Wenn ein Kind zum Bewegungsmuffel wird, dann ist es vermutlich irgendwo enttäuscht oder entmutigt worden. Ich selbst konnte den Schulsport nie leiden. Schon der schweißtriefende Geruch der Umkleideräume, dann das Aufstellen der Größe nach. Ich habe es gehasst, war jahrelang die Kleinste und stand immer, immer ganz hinten. Diese Disziplinierung mit Trillerpfeife und Kommandoton reichte, um mich abzuschrecken. Meine Erfahrungen im Schulsport sind vermutlich keine Ausnahme. Kinder brauchen wichtige Bezugspersonen wie Freunde, Eltern, Trainer, die sich mit Freude bewegen. Dann werden sie selbst Lust an der Bewegung entwickeln können. Gerald Hüther gibt zu bedenken: »Kinder lernen nur das, was für sie wichtig ist. Und in unserer heutigen Welt besitzt Beweglichkeit keine so große Bedeutung mehr. Am Ende ist die entscheidende Frage, auf was für ein Leben und auf welche Welt wir unsere Kinder vorbereiten wollen.«[21]

Eine Frage der Motivation

Beim Thema Bewegung scheint es im Kern um die Motivation zu gehen. Nun gibt es eine Anzahl Menschen, die bewegen sich zwar nicht mit Lust und Wonne, aber aus gutem Grund. Sie wollen beweglich bleiben, Stress abbauen, schlank werden. Den meisten Menschen ist ja klar, dass Bewegung etwas Nützliches ist.

Sportpsychologen wie Kleinert raten, die eigene Motivation immer wieder zu hinterfragen. Setzen Sie sich nur in Bewegung, wenn der innere Druck zu groß wird? Kommen Ihnen Sätze wie: »Ich muss jetzt endlich Sport machen, sonst kann ich meine Kleidergröße vergessen« oder »Wenn ich jetzt nicht laufe, dann bekomme ich womöglich einen Herzinfarkt« bekannt vor?

Viele Menschen treiben über ihre Antreiber Sport. Das funktioniert erst einmal ganz ordentlich. Allerdings erzeugt es gleichzeitig eine innere, oft unbewusste Spannung, die letztlich den Nutzen der Bewegung wieder schmälert oder zunichte macht. Auflösen lässt sich diese Spannung über zwei Wege: »no sports« oder Sie geben dem inneren Antreiber nach und machen schließlich Sport. Also entweder man verweigert den Sport rigoros und schafft sich damit seine innere Ruhe oder man hat eigentlich keine Lust, sieht aber die Notwendigkeit ein und zwingt sich zum Sport.

Beides ist letztlich ungesund und auf Dauer nicht empfehlenswert, sagt der Sportpsychologe. Viel hilfreicher ist es, eine mehrfache Motivationslage zu suchen und zu schaffen. Extrinsische (von äußeren Umständen bestimmte) und intrinsische (aus sich selbst entwickelte) Motivation können sich positiv ergänzen. Ich greife als Beispiel noch einmal auf meine eigene »Sportkarriere« zurück. Vielleicht kommt Ihnen manches davon aus Ihrer eigenen Biografie bekannt vor.

Abgesehen von der kindlichen Bewegungsfreude war ich nie eine große Sportlerin. Meinem Mann dagegen, der früher Leistungssportler war, macht das Laufen richtig Spaß – und damit konnte er mich gewinnen. Mit ihm als Trainer habe ich mich in die Laufschuhe und auf den Weg getraut. Ganz langsam, immer mal wieder. Ich, schnaufend vor Anstrengung, er, gleichmäßig, entspannt, meist einen Schritt hinter mir, sodass ich mein Tempo selbst bestimmen konnte. Ganz allmählich ist es mir zu einem Vergnügen, später zu einem Bedürfnis geworden. Gut, nicht bei jedem Wetter und höchst ungern früh am Morgen. Aber ich weiß, wie gut ich mich im Anschluss fühle. Wie kreativ und erfrischt ich nach einer Runde Waldlauf bin. Das hilft mir, die manchmal vorhandenen Anlaufschwierigkeiten zu überwinden.

Am nachhaltigsten haben mich allerdings Verletzungen zum Sport gebracht. Nach meinem Kreuzbandriss bekam ich eine ambulante Rehabilitation in einem therapeutischen Fitnesscenter genehmigt. Ich wollte wieder laufen können und beweglich werden. Das setzte eine hohe Eigenmotivation frei. Außerdem bewegten mich die Menschen, denen ich dort begegnet bin. Ich staunte über eine Patientin im Rollstuhl, die konzentriert mit Gewichten trainierte. War beeindruckt von der jungen Frau an der Kletterwand, die sich nach einem Verkehrsunfall mit Wirbelbrüchen durch dieses Training ihre Beweglichkeit zurückeroberte. Von Profifußballern lernte ich, dass man die Angst vor der Verletzung auch im Kopf bewältigen muss. Und als ein siebzigjähriger Mann wesentlich stabiler als ich auf dem Balancierbrett stehen konnte, wurde mir klar, dass es bei mir liegt, gezielte Bewegung regelmäßig in meinen Alltag einzubauen.

Josef Pilates, der Erfinder des gleichnamigen Trainings, sagte über die Wirkkraft seines Programms zur Stärkung der inneren Muskeln: »Nach 10 Stunden fühlen Sie den Unterschied, nach 20 Stunden sehen Sie den Unterschied und nach 30 Stunden haben Sie einen neuen Körper.«

Ich würde es nicht als neuen Körper bezeichnen, aber dass ich nach meinem einschneidenden Wirbelproblem heute wieder schmerzfrei bin, habe ich unter anderem diesem »Pilates«, einem Haltungs- und Bewegungstraining, zu verdanken. Jahrelang hatte ich eine tolle Trainerin. Mit guter Laune und effektiven Übungen brachte sie alle Kursteilnehmer regelmäßig dazu, ihren eigenen Bewegungsradius zu erweitern. Von ihr habe ich gelernt, dass es einen Unterschied macht, ob ich meine inneren Muskeln lediglich kenne oder ob ich diese Muskeln auch trainiere und richtig nutze. Irgendwann sind die Bewegungen und das Gespür für das, was mir dabei guttut, in Fleisch und Blut übergegangen.

Wir sind umgezogen, der Pilates-Trainerin trauere ich immer noch nach. Aber Bewegung ist mir so wichtig geworden, dass ich auch allein auf meine Yogamatte oder zum Joggen in den Wald gehe. Das Gefühl, mir selbst dabei etwas zu geben, was mein Leben intensiver, gesünder und vielleicht sogar länger macht, motiviert mich zu einem bewegten Leben.

Die Kraft der Bilder

Leistungssportler haben es leichter als der Normalbürger, ihre individuelle innere Motivation für ihren Sport zu finden, denn sie werden in der Regel von Sportpsychologen betreut. Gemeinsam wird an einem lockenden inneren Bild gearbeitet, das mit Gefühlen angereichert und mental immer wieder visualisiert wird. Doch auch Menschen, die Sport nur gelegentlich betreiben, können sich mit dieser Technik deutlich besser motivieren. Der erste Schritt ist ein ehrliches Selbstgespräch über folgende Fragen:

▶ Warum mache ich diesen Sport?
▶ Warum möchte ich mich bewegen?
▶ Was macht mir daran wirklich Spaß?
▶ Woraus ziehe ich Energie?

Im Anschluss lässt sich daraus ein positives inneres Bild entwickeln. Zum Beispiel so: Sie stellen sich vor, wie Sie auf dem federnden Waldboden unter alten Bäumen laufen, wie das Grün Ihre Seele entspannt und Ihre Gedanken ins Laufen kommen. Sie hören Vögel, sehen Sonnenstrahlen durch die Zweige fallen, und genießen die frische Luft, die Ihre Lungen mit Sauerstoff füllt. Ein anderes motivierendes inneres Bild ist die Vorstellung, wie Sie nach einiger Zeit mit regelmäßigem Sport beweglicher und schlanker werden. Sie sehen sich bei einem passenden Anlass das gut geschnittene Kleid oder die wunderbar passende Lieblingshose tragen. Noch ein weiteres inneres Bild, um zu zeigen, dass es um einen ganz persönlichen Motivationsaufbau geht, wäre dieses: Sie sitzen mit Ihren Sportfreunden in netter Gesellschaft nach dem Fußballtraining zusammen und trinken verdient ein kühles Bier. Trotz verschwitztem Trikot und schweren Beinen fühlen Sie sich einfach gut.

Neben lockenden inneren Bildern helfen auch gute Rituale, sich zur Bewegung zu motivieren. Ich selbst freue mich immer auf die Sauna nach dem Sport. Ein Ritual, was mir schon manches Mal über die Unlust hinweggeholfen hat, die Tasche zu packen und abends noch loszugehen.

Psychologen empfehlen außerdem die sogenannte Rubikon-Methode. Dabei geht es darum, wie Julius Cäsar an jenem schicksalsträchtigen Januartag im Jahr 49 vor Christus, einen ersten entscheidenden Schritt auf dem Weg zum Ziel zu tun. Cäsar durchquerte der Legende nach den Fluss Rubikon mit den Worten »Alea iacta est – der Würfel ist gefallen«. Es gab nun kein Zurück mehr auf seinem Feldzug nach Rom.

Die Rubikon-Methode geht davon aus, dass wir eine bewusste Entscheidung brauchen und aus unseren Wünschen auswählen müssen, wenn wir ein Ziel tatsächlich erreichen wollen. Um von einem Wunsch zur Durchführung zu gelangen, sind eine starke Absicht und eine kleinschrittige Umsetzung erforderlich.

Heißt das, wer eine Entscheidung getroffen hat, muss sich danach einen detaillierten Plan machen, der hilft, das Vorhaben zu erreichen? Ja, genau. Das klingt zwar gewaltig, ist aber nicht schwierig, denn es beginnt mit kleinen Ideen. Vielleicht stellen Sie sich die Turnschuhe abends auffordernd in den Flur oder gleich neben das Bett, damit Sie morgens förmlich aus dem Bett in die Schuhe fallen. Oder Sie packen die Sporttasche ins Auto, damit Sie auf dem Weg von der Arbeit direkt zum Training gehen können. Wer sich abseits vom Fitnesscenter mehr bewegen möchte, steigt eine Haltestelle früher aus, um durch den Park nach Hause zu laufen. Das sind alles Möglichkeiten, den inneren Schweinehund zu bändigen, der uns davon abhält, gute Ideen umzusetzen.

Schon nach vier Wochen hat sich bei den meisten Menschen eine neue Gewohnheit verankert. Hilfreich ist es zusätzlich, ehrlich über mögliche Hindernisse oder Stolpersteine auf dem Weg zum Ziel nachzudenken. Welche inneren oder äußeren Hürden müssen überwunden werden, um das Ziel zu erreichen? Dann gilt es zu überlegen, wie sich die Hürden tatsächlich überwinden lassen. Machen Sie sich einen Plan

Zum Beispiel so: Sie wollen abends zum Volleyballtraining gehen. Das wird Sie fit machen. Sie treffen nette Leute und Sie bauen körperlich aktiv den Stress des Tages ab. Allerdings wissen Sie, dass Sie, einmal abends zu Hause angekommen, zu bequem sind, um sich noch einmal aufzuraffen und das Haus zu verlassen. Also beschließen Sie, diese Hürde gezielt zu überwinden, indem Sie Ihre Sporttasche an diesem Tag gepackt mit ins Büro nehmen. Sie arbeiten an dem Tag einfach etwas länger und können dann direkt vom Büro zum Sport gehen, ohne dem verlockenden Sofa zu Hause zu begegnen. Wer seine inneren Ausreden kennt und ernst nimmt, der kann sich eine Strategie überlegen, um sich Anreize zu schaffen, den einmal gefassten Plan tatsächlich umzusetzen.

Hauptsache bewegt!

Es ist wesentlich leichter, zum Volleyball zu gehen, wenn ich grundsätzlich Freude daran habe, mich beim Sport zu bewegen. Dann fällt die ganze »Schweinehund-Debatte« kürzer aus oder findet gar nicht erst statt. Ich möchte noch einmal betonen, dass es um den Wert der Bewegung geht und nicht darum, eine bestimmte Sportart zu betreiben. Vielleicht motiviert Sie eher der Gedanke, sich zu stylen und tanzen zu gehen. Das ist eine wunderbare Möglichkeit, Bewegung und Geselligkeit zu kombinieren. Auch die Variante, Bewegung und Natur zu kombinieren, ist empfehlenswert. Denn vor allem die Bewegung an der frischen Luft verstärkt den wohltuenden Effekt für unseren Körper. Vielleicht greifen Sie lieber zu Wander- als zu Joggingschuhen. Das ist nicht entscheidend. Hauptsache, Sie machen sich auf den Weg! Das ideale Bewegungspensum aus gesundheitlicher Sicht ist regelmäßig, langfristig und nicht zu intensiv. Also fünf Tage jeweils 30 Minuten zügig spazieren gehen, locker radeln oder joggen. Die Sportmedizin preist neuerdings zwar auch das High Intensiv Training (HIT) mit ultrakurzen, dafür aber richtig anstrengenden sportlichen Sequenzen an. In Anbetracht der Stressbelastung, unter der viele Menschen stehen, kann ein harmonischer Spaziergang aber letztlich das klügere Bewegungsprogramm sein.

Selbst wer sich für die Variante »no sports« entschieden hat, kann auf seine Bewegungen achten. Schon ein häufigerer Haltungswechsel bringt Vorteile. Sich ab und zu strecken und dehnen, mal zu guter Musik durch den Raum tanzen oder die Fenster wieder selbst putzen, sind Möglichkeiten, den Alltag bewegter zu gestalten. Fast unnötig zu erwähnen, dass die Treppe den Aufzug und das Fahrrad die Fortbewegung auf vier Rädern toppt. Keiner von uns kommt drumherum,

Marco von Münchhausen
Wo die Seele auftankt
Die besten Möglichkeiten, Ihre Ressourcen zu aktivieren
München ⁷2006

Ich liebe dieses Buch! Es macht stark im Leben und ist viel mehr wert, als es kostet. Lektüre für Menschen, die Bewegung in ihre Gewohnheiten und in ihr Leben bringen wollen.

dass er, wie Marco von Münchhausen schreibt, »Energie investieren muss, um mehr Energie zu bekommen«[22].

Ein perfekter Anlass, das eigene Leben bewegter zu gestalten und aktiv etwas Neues auszuprobieren, ist der Urlaub. Viele Menschen investieren in den Urlaub eine Menge Geld. Dieses ist doppelt gut investiert, wenn sie sich durch die andere Umgebung zur Bewegung inspirieren lassen. Wie herrlich ist es, morgens am Strand entlang zu joggen, barfuß durch taufrische Wiesen zu laufen, auf den nächsten Berg zu wandern oder im See zu schwimmen. Selbst der nächtliche Spaziergang unter dem Sternenhimmel kann Romantik und Gesundheit verbinden. So macht Bewegung richtig Laune. Wer sich im Urlaub gerne bewegt hat, wird dies leichter in den Alltag zu Hause integrieren.

15 Minuten leichte tägliche sportliche Aktivität verlängert die Lebenserwartung statistisch um circa drei Jahre. Doch eigentlich geht es gar nicht darum, immer länger zu leben, sondern möglichst gesund alt zu werden. Deshalb füllen Sie die 15 Minuten einfach je nach Laune mit Trampolinspringen, schaukeln Sie im Garten, jonglieren oder balancieren Sie auf der Slackline, genießen Sie Sex mit Ihrem oder Ihrer Liebsten – alles lustvolle Formen von Bewegung, die Ihr Leben auf angenehme Weise vielleicht verlängern, ganz sicher aber verbessern werden.

Coaching to go

Bewegt wie ein Kind

Wie wäre es mit Seilhüpfen, Hula-Hoop-Reifen schwingen oder Stelzen laufen? Die alten Kinderspiele sind nicht nur originell, sondern auch ziemlich ungewohnt, wenn man sie länger nicht mehr praktiziert hat. Hier kommen Spaß und Bewegung optimal zusammen.

Werden Sie Pfadfinder

Finden Sie eine Strecke zum Spazierengehen in Ihrer Umgebung und möglichst im Grünen. Laufen Sie diesen Weg zweimal pro Woche in einem Tempo, das Sie als angenehm empfinden. Egal, wie das Wetter ist, laufen Sie! Nach vier Wochen entscheiden Sie neu, ob das eine gute Bewegungsmöglichkeit für Sie ist. Sie können diese Wege auch gezielt nutzen, um jemanden zum Gespräch mitzunehmen, und damit das Bedürfnis nach Zugehörigkeit und Verbindung befriedigen.

Standfest auf einem Bein

Wer seine Tiefenmuskulatur trainieren will, der braucht lediglich ein größeres Handtuch und etwas Zeit. Balanceübungen im Einbeinstand trainieren Gleichgewicht, Haltung und Koordination. Wickeln Sie das Handtuch zu einer dicken Rolle und nehmen Sie es als Unterlage, auf der Sie stehen. Beginnen Sie auf einem Bein zu stehen, das andere Bein ist etwas angewinkelt. Halten, halten, halten. Es geht darum, in Balance zu bleiben. Klappt das gut, können sie noch Bewegungen mit den Armen dazu machen. Das hört sich einfach an, ist auch einfach umzusetzen, bringt aber viele Muskeln gleichzeitig ins Spiel.

Mit Leichtigkeit bewegt

GESPRÄCH MIT STEVE KROEGER

Die große Bühne ist perfekt ausgeleuchtet. Auf der Convention der »German Speakers Association«, dem Jahrestreffen professioneller Redner in Deutschland, stehen Menschen mit besonders innovativen Impulsvorträgen im Rampenlicht. Einer davon begeistert das Publikum durch seine erfrischende Ausstrahlung, Authentizität und Andersartikeit. Steve Kroeger, Experte für Motivation und Bewegung. Ich werde neugierig, lese Steves spannendes Buch »Die Seven Summit Strategie« und bin fasziniert davon, wie er Brücken zwischen sportlichen Erfahrungen und Strategien im Business schlägt. Im Mai 2014 lässt Steve viele Menschen über Facebook daran teilhaben, wie er die Tragödie des Lawinenunglücks am Mount Everest vor Ort miterlebt. Seine Entscheidung, in dieser Situation auf die letzte seiner geplanten Gipfelbesteigungen zu verzichten und umzukehren, löst vielfach Respekt aus. Er initiiert noch in Nepal eine Spendenaktion für die Familien der verunglückten Sherpas, um dazu beizutragen, deren Lebensumstände am Rande des »Berg-Business« zu verbessern. Steve Kroegers Lebens- und Geschäftsmotto ist »Leichtigkeit«. Von ihm lässt sich mit Sicherheit, vor allem aber mit Leichtigkeit viel für ein bewegtes Leben lernen.

Steve, warst du schon immer ein Bewegungstyp oder gibt es einen Auslöser für die Lust zur Bewegung und vor allem für die Lust zum Gipfelsturm?

Training, Sport und Bewegung waren und sind ein wichtiger Bestandteil meines Lebens. Unter Bewegung verstehe ich sowohl das körperliche Training als auch die Bewegung in uns, unsere persönliche Weiterentwicklung. Mit der Realisierung meines siebenjährigen

7 SUMMITS Projektes, der Besteigung der höchsten Berge aller Kontinente, erfüllte ich mir einen Kindheitstraum. Damals hatte ich ein Bild von schneebedeckten Berggipfeln vor meinen Augen. 25 Jahre später habe ich mich entschlossen, diesen Traum zu realisieren. Ich arbeitete zu dieser Zeit als Personal Fitness Trainer für Unternehmer und Führungskräfte und wollte meinen Klienten ein Ziel bieten, für das es sich auch wirklich zu trainieren lohnt. Meiner Erfahrung nach ist es so, dass wir mit einem klaren Ziel vor Augen sehr viel leichter in die Laufschuhe springen. Also habe ich drei meiner Klienten über sechs Monate auf die Kilimandscharo-Besteigung vorbereitet. Im November 2007 stand ich zum ersten Mal auf dem Dach von Afrika. Seitdem weiß ich, dass es Momente und Orte gibt, die die Kraft haben, unser Leben zu verändern. Und ich wusste, davon will ich mehr. Das war der Startschuss nicht nur für eine Reise zu den höchsten Bergen unserer Kontinente, sondern auch zu mir selbst.

Mit Leichtigkeit persönliche Gipfel erreichen klingt gut. Vielen Menschen fällt es dagegen gehörig schwer, ihr Leben bewegter zu gestalten. Hast du einen Tipp für Bewegungsmuffel?

Für alles, was wir im Leben tun oder auch nicht tun, gibt es einen Grund, eine Motivation. Aus meiner Trainererfahrung heraus weiß ich, dass viele Menschen mehr Bewegung in ihren Alltag integrieren wollen, doch das ist gar nicht so einfach. Man braucht ein klares Ziel vor Augen und außerdem Spaß und Leichtigkeit. Wenn ein Fitnesstraining mehr Stress verursacht als Entspannung, dann stimmt etwas nicht. Ich denke, viele Sportmuffel gehen zu verkrampft ans Training heran. Sie funktionieren nach dem Prinzip, mit Vollgas starten und irgendwann mit einer Vollbremsung das Training wieder einstellen. Der Grundstein für eine langfristige Motivation zur Bewegung wird dann gelegt, wenn ich von einem perfekten Trainingsplan absehe und Spaß und Freude als Maßstab für mein Training nehme. Abwechslung und die Neugier, immer wieder etwas Neues im Training auszuprobieren, sind wichtig, um langfristig mit Leichtigkeit in Bewegung zu bleiben.

7 SUMMITS, 7 Gipfel – du liebst große Herausforderungen. Was gibt dir die nötige Kraft, um berufliche oder persönliche Herausforderungen anzugehen?

Bei mir ist es die Neugier, zu erfahren, wie Motivation an unserer körperlichen und mentalen Leistungsgrenze funktioniert. Ich wollte herausfinden, wie weit ich gehen kann. Aus den Erfahrungen, die ich auf meinen internationalen Bergexpeditionen gemacht habe, habe ich die 7 SUMMITS® Strategie entwickelt, eine mentale Strategie, mit der Einzelpersonen und Teams auch hohe Ziele mit Leichtigkeit erreichen können. Diese Strategie gebe ich in meinen Büchern, Vorträgen und Seminaren weiter. Bei allen Herausforderungen, die ich beruflich und persönlich angehe, ist Neugier für mich die Motivation. Und dabei will ich nicht aus Büchern lernen, sondern aus Selbstversuchen.

Was ist der große Gewinn, den das Bergwandern oder Bergsteigen mit sich bringt?

Stille. Unser Alltag ist laut. Jeden Tag sind wir einer unüberschaubaren Menge an Informationen ausgesetzt, privat als auch beruflich. Wir müssen sie verarbeiten und managen. Dadurch entsteht die Tendenz, dass wir auf vieles nur reagieren, anstatt agieren zu können. Der Tag macht etwas mit uns, statt dass wir etwas mit dem Tag machen. Wenn es laut ist, entfernen wir uns von uns selbst, von unserem Kern. Wir funktionieren nur noch. Das führt dann irgendwann zu einem Zustand, der uns nicht erfüllt. Wir sind energielos, stellen uns die Frage nach dem wirklichen Sinn unseres Handelns. In den Bergen ist es still. Dann hören wir die Stimme unseres Herzens und die Antwort auf die Frage: »Was willst du wirklich?«

Mit welchen Mitteln kannst du dich bei Krafteinbrüchen auf dem Weg zum Gipfel motivieren?

Mit der Antwort auf die Frage: »Wozu genau mache ich das?« Hohe Berge zu besteigen ist anstrengend. In einem Umfeld zu überleben, welches nicht für den menschlichen Organismus geschaffen ist, fordert einen extrem hohen Energieeinsatz: körperlich, emotional und mental. Nur wenn wir wissen, warum und wozu wir etwas machen, können wir persönliche Bestleistung abrufen, wenn es wirklich darauf ankommt.

Bewegung hat heilende Kraft – so eine These von Sportmedizinern. Kannst du das mit eigenen Erfahrungen unterstützen?

Diese These kann wohl jeder unterstützen, der das wohltuende Gefühl nach einer Wanderung oder einer Trainingseinheit kennt. Aber auch hier gilt: Die Dosis ist entscheidend, damit Sport nicht kontraproduktiv wird.

Das 7 Summits Projekt hast du beendet. Was wäre eine neue Herausforderung?

In den letzten sieben Jahren bin ich sehr viel gereist, habe aus dem Rucksack gelebt. Habe erfahren, was ich kann, was ich nicht kann und was ich wirklich will. Meine neue Herausforderung: zu Hause ankommen.

Steve Kroeger ist Vortragsredner, Bergsteiger und Motivator. Er begleitet Führungskräfte und Unternehmer mit seiner 7 SUMMITS® Strategie dabei, ihre Ziele zu erreichen. Steve Kroeger lebt in Hamburg.

einfach wertvoll

Das Gold des Lebens finden

Während unserer Auszeit in Kanada kauerte ich einmal an einem kalten Bergfluss in den Cariboo Mountains und habe unter kundiger Anleitung versucht, mit einer Goldpan Goldstaub oder Nuggets aus dem Kies des Bachbetts zu waschen. Das sieht aus der Zuschauerperspektive sehr romantisch aus. Ist es aber nicht. Ich hatte klamme Finger, der Rücken schmerzte von der gebückten Haltung. Ich war angestrengt bei der Sache. Von Leichtigkeit keine Spur! Ein bärtiger, alter Goldgräber, der mich eine Weile beobachtet hatte, gab mir einen einfachen Rat: »Don't forget the smile!«

Er geht mir seitdem nicht mehr aus dem Sinn. Bei allem Suchen nach dem, was das Leben reicher und wertvoller macht, darf ich das Lächeln nicht vergessen. Denn der größte Schatz meines Lebens ist ja das Leben selbst. Und ich muss es mir nicht erst verdienen. Immer wenn ich mich daran erinnere, wird das Mühsame leichter, gewinnt jede Stunde an Wert. So wie neulich wieder.

Es ist Anfang September. Ein herrlicher Spätsommertag. Ich sitze bei einem guten Grand Creme, dem Cappuccino der Franzosen, in einem kleinen Café am Hafen in Marseille. Die Füße hochgelegt, sinniere ich und schreibe Eindrücke des Tages in mein geliebtes, schwarzes Notizbuch. Am Tisch gegenüber sitzt ein älterer Herr mit fröhlich funkelnden Augen. Er lächelt und nickt mir grüßend zu. Ich lache zurück. Er beginnt eine Unterhaltung. Die allerdings ist zum Scheitern verurteilt, denn mein Französisch geht gegen Null. Und er spricht weder Englisch noch Deutsch. So bleibt das Lächeln die einzige Verbindung zwischen uns. Seine gelassene, aufmerksame Art zu sitzen, den Espresso zu genießen und Brücken zu anderen Menschen zu schlagen, gefällt mir.

Als klar ist, dass wir außer Bonjour kein Wort miteinander wechseln können, nimmt er sein Handy und telefoniert. Immer wieder höre ich »Allemagne« – Deutsche. Plötzlich drückt er mir auffordernd sein Mobiltelefon in die Hand. Keine Ahnung, mit wem ich telefonieren soll. Ich wage ein vorsichtiges Hallo und warte. Eine helle Frauenstimme meldet sich in perfektem Deutsch und erklärt, mein unbekanntes Gegenüber habe sie um Übersetzung gebeten. Ich sollte doch mal von mir erzählen. Er, Claude, wäre so neugierig, was ich hier in Marseille mache und wieso ich so emsig in diesem Buch schreibe. Also erzähle ich der Frau, die für eine französische Hilfsorganisation arbeitet, dass ich Autorin bin und gerade intensiv an einem neuen Buch arbeite. Wir sprechen über meine tiefe Überzeugung, dass man für die Fülle in seinem Leben selbst eine ganze Menge tun kann. Ich erzähle der fremden, irgendwie vertrauten Frau, dass ich Menschen ermutige, ihre Träume zu leben. Sie erzählt mir von Claude, dem älteren Herrn, den sie außerordentlich schätzt und der eine ganz besondere Person sei. Ein Mann mit dem Blick für das Wesentliche im Leben, ein Liebhaber des Lebens und ein begnadeter Künstler. Claude malt.

»Zu viele Leute lieben Dinge und gebrauchen Menschen. Wir müssen Menschen lieben und Dinge nutzen.«

DAN CLARK

Das überrascht mich nicht. Dieser wache, offene Blick und das entspannte Lächeln passen zu meiner Vorstellung von einem Künstler. Ich gebe Claude sein Telefon zurück und Tina, unsere Sprachbrücke, erzählt ihm was sie von mir erfahren hat. Er nickt, lacht, fragt und freut sich sichtlich. Unsere Begegnung sei ein Lichtblick, eine Stern-schnuppe für seinen Tag gewesen, lässt der Künstler noch übersetz-ten. Dann verabschiedet er sich mit einem festen Händedruck und mit einem Lachen.

Mich erinnert diese flüchtige Begegnung an das, was wir Menschen einander sein können: Unterstützer, Tröster, Begleiter, Liebende, Mit-menschen – Gold des Lebens. Denn was macht unser Leben wertvoll und was würden wir am meisten vermissen, wenn es fehlen würde? Es sind doch meistens die Menschen.

Bei mir sind das einige, mir sehr wertvolle Menschen. Sie machen mein Leben reicher, als es Dinge vermögen. Gerne zitiere ich Dan Clark, einen amerikanischen Autor, der treffend sagte: »Too many love things and use people. We must love people and use things. – Zu viele Leute lieben Dinge und gebrauchen Menschen. Wir müssen Menschen lieben und Dinge nutzen.« Menschen lieben, das beginnt so unspektakulär wie die Begegnung mit Claude im Café am Hafen.

Mein Tag in Marseille, der mit einem Lächeln begann, findet schließ-lich einen besonderen Abschluss. Ich kaufe mir ein wunderschönes Tuch, türkisblau wie das Meer an der Küste vor Marseille. Die Verkäu-ferin packt es sorgfältig in dünnes Seidenpapier. Erst zu Hause ent-decke ich, dass in zarten Buchstaben folgender Text darauf gedruckt ist: »You are never fully dressed without a smile. A smile makes today absolutely amazing. Be so happy that when others look at you they become happy too. Collect moments, not things. – Ohne ein Lächeln bist du niemals gut angezogen. Ein Lächeln macht den Tag so richtig gut. Sei so glücklich, dass andere, wenn sie dich anschauen ebenfalls glücklich werden. Sammle Augenblicke, nicht Dinge.«

Was Werte wertvoll macht

Was genau sind Werte? Je länger ich mich damit beschäftigt habe, desto komplexer wurde das Thema. Werte sind das, was Menschen als fundamental wichtig in ihrem Leben empfinden. Eine Grundhaltung, die sie umsetzen und geachtet haben möchten. Etwas, was für unsere Welt und unser menschliches Miteinander extrem wichtig ist, eine Wertvorstellung im Sinne von Idealen, ethischen Leitbildern oder gesellschaftlich anerkannten moralischen Maßstäben. Denken Sie an allgemein anerkannte Werte, die aus der griechischen Philosophie kommen, wie Tapferkeit im Sinne von der Bereitschaft, Verantwortung für das eigene Tun zu übernehmen, oder Gerechtigkeit, die es ermöglicht anderen, aber auch sich selbst gerecht zu werden. Klugheit im Sinne von weisen Entscheidungen und Mäßigung als Zeichen für den angemessenen Umgang mit Ressourcen waren in der Antike wichtige Werte. Werte entstehen durch Prägung und Erziehung, man kann sich allerdings auch davon distanzieren und neue Werte annehmen. Auf der anderen Seite erklärt der Duden den Begriff Wert als »die einer Sache innewohnende Qualität, aufgrund derer sie in einem gewissen Maße begehrenswert ist«. Werte stecken also auch in Gegenständen, wie zum Beispiel in Schmuck, Gemälden, Aktien.

> »Die Dinge haben nur den Wert, den man ihnen verleiht.«
>
> JEAN BAPTISTE MOLIÉRE

Es ist noch nicht lange her, da hat in Kalifornien der Wald gebrannt. Feuerwände kamen unvorstellbar schnell auf die Wohngebiete zu gerast. Den Menschen blieben teilweise nur wenige Minuten, um sich in Sicherheit zu bringen. Können Sie sich vorstellen, in gerade mal einer halben Stunde das Wertvollste aus Ihrem Haus zu retten? Was würden Sie mitnehmen? Worauf könnten Sie verzichten und was wäre für Sie unersetzlich? Was ist Ihnen wertvoll, besser gesagt was ist Ihnen am wertvollsten? Vielleicht wenden Sie ein, das Wertvollste hat man in sich und nicht um sich. Allerdings verbergen sich auch hinter Gegenständen Wertvorstellungen, die es zu erkunden lohnt. Dabei ist es interessant, dass die gleichen Dinge für ganz unterschiedliche Werte stehen können. Hinter einer Münzsammlung verbirgt sich vielleicht der Wert Sicherheit, möglicherweise aber auch ein familiärer Erinnerungswert. Solche dahinter liegenden Werte sind starke

Lebensmotive, an denen sich das Handeln von Menschen orientiert. Genau da liegt die Herausforderung, wenn wir vom Wert der Werte sprechen. Persönliche Werte hängen auf zweifache Weise mit einem guten Leben zusammen.

▶ Wer die Werte anderer Menschen missachtet, der schwächt und schädigt sie und damit sich selbst. Denn die daraus entstehenden Konflikte oder Missstimmungen sind ein klassisches Einfallstor für Unzufriedenheit und psychische Erschöpfung.

▶ Wer eigene Werte missachtet, kommt nach einiger Zeit in ein inneres Ungleichgewicht und verliert dadurch schneller seine psychische Stabilität.

Warum ist es so wichtig, sich mit den eigenen Werten zu beschäftigen? Darauf gibt es eine klare Antwort: Wer seine Werte tatsächlich kennt und vor allem danach lebt, der gewinnt ein Selbstvertrauen, mit dem er die Welt verändern kann.

Welche Werte zählen?

In unserem Bücherregal steht ein faszinierender Bildband: »Cowboy Ethics – What Wallstreet can learn from the Code of the West«. Stimmungsvolle Bilder aus dem harten, leidenschaftlichen Arbeitsleben von Ranchern und Cowboys werden kombiniert mit Zitaten und Sätzen über Werte, die diesen Menschen wichtig sind. »Lebe jeden Tag mit Mut! Wenn du ein Versprechen gegeben hast, dann halte es. Tu deine Arbeit mit Stolz und Freude!« – alles Aussagen, die einem echten Cowboy am Herzen liegen und die er deshalb versucht, sichtbar umzusetzen.

Eine Arbeit mit Stolz und Freude zu tun, führt egal in welchem Bereich zu einer höheren Wertigkeit dieser Arbeit.

Werte wie Fairness, Mut, Stolz, Aufrichtigkeit oder Tatkraft werden auf vielen Ranches auch heute noch spürbar gelebt. Sie sind in dieser Umgebung entstanden, haben dort ihre Berechtigung. In diesem

Buch geht es darum, was die Wirtschaft von den Werten des Wilden Westens lernen kann. Es wird die Frage gestellt, welche Werte zählen und ob es Werte gibt, die in Wildnis und Wirtschaft gleichermaßen von Nutzen sind. Nicht nur beim Kühe treiben, sondern beispielsweise auch beim Handel mit Aktien ist es von Vorteil, wenn man sich auf das Wort des Geschäftspartners tatsächlich verlassen kann. Eine Arbeit mit Stolz und Freude zu tun, führt egal in welchem Bereich zu einer höheren Wertigkeit dieser Arbeit. Firmen geben oft Geld für die Entwicklung eines internen Wertecodex aus. Die dann gefundenen Werte hängen sorgfältig zu Papier gebracht und eingerahmt im Büro oder sie werden gedruckt in Hochglanzmagazinen präsentiert. Doch das garantiert nicht die erwünschte Wirkung auf Mitarbeiter und Kunden, denn Werte brauchen einen echten »Sitz im Leben«. Sie stärken und verbinden Menschen nur, wenn diese sich über die Wichtigkeit der Werte einig sind und sie umsetzen wollen. Auch für den Zusammenhalt einer Gesellschaft und für die Politik ist es wichtig zu wissen, welche Werte den Menschen wichtig sind. Deshalb gibt es regelmäßig Milieustudien und Befragungen der Bevölkerung. Die von Cowboys bevorzugten Werte Zuverlässigkeit und Ehrlichkeit werden beispielsweise auch von Kindern im aktuellen GEOlino-UNICEF-Kinderwertemonitor als wichtige Werte genannt. Dies ist eine repräsentative Befragung, die von der Humboldt-Universität Berlin erstellt und vom Bundesministerium für Bildung und Forschung gefördert wird. Im September 2014 wurden dafür deutschlandweit Kinder im Alter zwischen sechs und 14 Jahren zu ihren Werten befragt. Für Kinder zählen vor allem Familie (74%) und Freundschaft (73%). Weit weniger wichtig waren den Kindern mit 21% Geld oder Besitz.

Ganz ähnliche Beobachtungen zu den wirklich wichtigen Werten hat eine Frau gemacht, die jahrelang sterbende Menschen begleitete und über ihre Beobachtungen ein Buch schrieb, das die Bestsellerlisten in mehreren Ländern anführte. Ich spreche von Bronnie Ware, einer australischen Krankenschwester, die im Palliativbereich arbeitete und über die »Fünf Dinge, die Sterbende am meisten bereuen«

schreibt. Wenn der Tod greifbar vor einem Menschen liegt, dann wird die Rückschau auf das bisherige Leben sehr ehrlich. Ware sagt: »Wenn sie sterben, kommt eine Menge Furcht und Ärger aus den Menschen heraus und dieses ›Ich wünschte, ich hätte ...‹, das kommt auch immer wieder.«[23] Das bedeutet, es ist entscheidend, sich nicht erst bei Krankheit und Tod, sondern rechtzeitig mit den entscheidenden Lebensfragen zu beschäftigen. Ware fasst die Sehnsüchte ihrer Patienten in fünf Aussagen zusammen. Ich habe diesen Sätzen die Werte zugeordnet, die meinem Verständnis nach dahinter stehen. Sicher lassen sich auch noch weitere Werte herausschälen. Es geht mir darum, auszudrücken, dass die einfachen Sätze, in denen Bronnie Ware ihre Erkenntnisse zusammenfasst, wie die Spitze eines »Werte-Eisberges« zu verstehen sind. Es ist hilfreich, diese Werte zu kennen und zu beachten, will man dem eigenen Lebensglück nicht im Wege stehen.

»Ich weiß, dass ich das machen muss, was ich will – denn wenn ich das nicht tue, weiß ich, was ich auf meinem Sterbebett bereuen werde.«

BRONNIE WARE

1. Ich wünschte, ich hätte den Mut gehabt, mein eigenes Leben zu leben. (Selbstbestimmung)
2. Ich wünschte, ich hätte mir erlaubt, glücklicher zu sein. (Freiheit, Authentizität)
3. Ich wünschte, ich hätte nicht so viel gearbeitet. (Bildung, Kreativität, Muße, Bewegung, soziale Nähe)
4. Ich wünschte ich hätte den Kontakt zu meinen Freunden aufrecht erhalten. (Familie, Freunde)
5. Ich wünschte, ich hätte den Mut gehabt, meine Gefühle auszudrücken. (Idealismus, Anerkennung, Liebe, Leidenschaft, Kommunikation)

Letztlich geht es um Erfahrungen, Träume, Möglichkeiten, die Bronnie Wares todkranke Gesprächspartner und Partnerinnen nicht gelebt und erst viel zu spät in ihrem Wert erkannt haben. Diese Erkenntnis ist unglaublich bitter. Ware selbst sagt nach dem Schreiben ihres Buches: »Ich weiß, dass ich das machen muss, was ich will – denn wenn ich das nicht tue, weiß ich, was ich auf meinem Sterbebett bereuen werde.«

Eigene Werte benennen

Wenn die persönlichen Werte eine so große Rolle in Bezug auf Lebenszufriedenheit und erfülltes Leben spielen, dann lohnt es sich, sie zu kennen und darauf zu achten, dass sie im eigenen Leben vorkommen. Mit anderen Worten: Es wird höchste Zeit, Verantwortung für unsere Werte zu übernehmen. Dass ich meine Zeit selbst gestalte, ist mir in meinem Leben beispielsweise sehr wichtig. Je älter ich werde, desto bewusster gehe ich mit meiner Zeit um, und ich mag es zunehmend weniger, fremdbestimmt zu sein.

Ich kann mich noch gut an meine erste Flugreise erinnern. Zum Schulabschluss schenkten mir meine Eltern eine Reisetasche und einen Flug nach Budapest. Was für ein Erlebnis. Begeistert und neugierig saß ich in der Maschine, die allerdings am Boden blieb. Maschinenschaden. Alle Passagiere mussten aussteigen, wurden in Busse verladen, von Dresden nach Berlin gefahren und übernachteten in einem Hotel nahe des Flughafens Berlin-Schönefeld. Am nächsten Morgen flog ich im Sonnenschein mit bester Sicht und Laune von Berlin aus nach Budapest. Was für ein Abenteuer! Genial aus meiner jugendlichen Sicht! Heute wäre ich von der gleichen Situation überhaupt nicht begeistert. Aktuell ist Zeit extrem wertvoll für mich und ich möchte diese mit meiner Familie oder mit Bewegung oder einem guten Buch, nicht aber bei einer unfreiwillig verlängerten Reise verbringen.

Was wir uns zutiefst wünschen, ist in der Regel eine gute Spur zu unseren wichtigsten eigenen Werten. Werte achten und sie im Leben umsetzen kann nur, wer seine Werte kennt. Deshalb mache ich Ihnen Mut, sich gezielt auf Wertesuche zu begeben. Haben Sie Interesse daran, Ihre eigenen Werte neu zu bestimmen? Dann ziehen Sie sich mit Stift und Notizbuch an einen Ihrer Wohlfühlorte zurück. Allein! Denn Sie brauchen ungestörte Zeit zum Reflektieren und Sie wollen ja eigene Antworten auf existenzielle Fragen finden. Diese selbst gefundenen Antworten sollten Sie unbedingt festhalten. Zerredet oder relativiert sind sie im Gespräch mit anderen viel zu schnell. Folgende Fragen sind ein guter Kompass, der Sie auf den Weg zu Ihren Werten führt.

- Was treibt Sie an?
- Worin sind Sie wirklich gut?
- Was zählt für Sie in Ihrem Leben?
- Wovon sind Sie aufrichtig begeistert oder beeindruckt?
- Was verschafft Ihnen ein tiefes Gefühl von Glück und innerer Befriedigung?

Eine ehrliche Antwort auf diese Fragen bringt Sie nahe an Ihre zentralen Werte und Lebensmotive heran. Im zweiten Schritt ist es wichtig, die Dinge, die Sie aufgedeckt haben, nochmals zu befragen und aufzuspüren, warum Ihnen diese Sache so viel Freude macht. Ist es beim Sport zum Beispiel eher die Gemeinschaft mit anderen oder die Freude an der Bewegung? In einem dritten Schritt prüfen Sie bitte, wie viel Zeit der betreffende Punkt in Ihrem Leben hat. Wie oft kommen sie tatsächlich dazu, das zu tun, worin Sie gut sind? Wann haben Sie dies das letzte Mal erlebt oder getan? Hier gibt es oft eine große Lücke zwischen dem, was jemand gern tun würde und seiner tatsächlichen Situation.
Vor allem engagierte Frauen und Männer in Führungspositionen, aber auch die Fulltime-Mama oder Menschen, die Angehörige aufopfernd pflegen, sind oft so gefordert, dass sie keine Gelegenheit finden, sich derartige Fragen zu stellen. Sie nehmen sich keine Zeit zu fragen, was ihnen in ihrem Leben wirklich wertvoll ist. Sie funktionieren. Sie leisten. Sie arbeiten bis an ihre Grenzen oder auch darüber hinaus, aber

zutiefst erfüllt leben sie nicht. So etwas macht auf Dauer unzufrieden und in der Folge unglücklich. Es ist wie mit dem Frosch im Kochtopf – ein Vergleich, der schon vielen Menschen geholfen hat, die eigene scheinbar festgefahrene Situation klarer zu sehen und daraufhin beherzter zu verändern: Ein Frosch, der versehentlich in einen Topf mit sehr heißem Wasser fällt, wird seine Kräfte mobilisieren und alles tun, um diesen Topf so rasch wie möglich zu verlassen. Ein Frosch, der in einem Topf sitzt, dessen Wassertemperatur allmählich erhöht wird, bemerkt die tödliche Falle zu spät. Er nimmt die langsam steigende Temperatur nicht als Gefahr wahr und geht daran zugrunde.

Wer also die eigene Unzufriedenheit, Be- oder Überlastung bemerkt, der ist anders als dieser Frosch noch in der Lage, seine Kräfte zu mobilisieren und seine Situation zu verändern. Der kann sich die Frage stellen: Wie komme ich aus der Sackgasse des Klagens oder der Unzufriedenheit wieder heraus? Und wie kann ich Werte, die ich für mich als wichtig erkannt habe, auch tatsächlich leben?

Werte leben

Persönliche Werte stärken einen Menschen von innen heraus, denn sie erhöhen seine Integrität, seine Glaubwürdigkeit. Wo eigene Ideale und Werte mit der tatsächlichen Lebenspraxis übereinstimmen, gewinnt eine Person an Stimmigkeit und in der Folge Selbstvertrauen. Das ist ein gewaltiger Rückhalt für persönliche und berufliche Entscheidungen. Psychologische Modelle wie das von Erik Erikson stellen der Integrität den Lebensekel oder die Verzweiflung gegenüber. Exakt dies hat Bronnie Ware in ihren Gesprächen mit den Sterbenden beobachtet. Wer nicht stimmig nach seinen Lebenswerten und Überzeugungen handelt, der bereut dies in hohem Maße spätestens bei der Rückschau am Ende seines Lebens.

Jeder von uns hat eine innere Wertehierarchie. Es ist hilfreich, wenn man die eigenen »top ten« einmal aufgeschrieben und ganz plastisch vor Augen hat. Um dieser Rangordnung auf die Spur zu kommen, notieren Sie sich circa zehn bis fünfzehn Werte, die Sie stark ansprechen. Eine anregende Auswahl finden Sie auf auf der Website zum Buch: www.erfüllterleben.de

Jetzt fragen Sie sich: Was wäre für mich unerträglich (eine Katastrophe, nicht auszuhalten), wenn es in meinem Leben fehlen würde oder wenn ich diesen Wert nicht leben könnte? Was wäre weniger schlimm und was wäre unangemessen (also eher unpassend, aber noch tolerabel)? Reduzieren Sie auf diese Weise die Liste Ihrer Werte so lange, bis Sie schließlich Ihre aktuell wichtigsten fünf Werte benennen können. Diese Handvoll Werte sollten Sie kennen und sich bewusst machen. Sie sind eine wirkungsvolle Basis, die Sie entscheidungsfähiger und klarer werden lässt.

Ich weiß zum Beispiel von einer Frau, die ihren Hund sehr liebt. Es ist ihr sehr wichtig, dass es dem Tier gut geht und sie auch beim Arbeiten mit dem Hund zusammen sein kann. Deshalb hat sie ihrem Chef überzeugend deutlich gemacht, dass sie mit dem Hund an ihrer Seite im Büro alles geben wird. Offensichtlich war sie ziemlich gut in ihrer Argumentation. Die Firma hat sich überzeugen lassen und den Wert dieser Frau geachtet. Sie darf den Hund mitbringen. Jetzt hat der Chef nicht nur die volle Arbeitsleistung seiner Mitarbeiterin, sondern ihre Loyalität und Lebensfreude noch dazu. Außerdem ist der Hund mittlerweile ein Sympathieträger für die anderen Mitarbeiter geworden und aus der Firma nicht mehr wegzudenken.

Was einem Menschen wirklich wertvoll ist, zeigt sich daran, wie dieser Wert im Alltag gelebt oder umgesetzt wird.

Was einem Menschen wirklich wertvoll ist, zeigt sich daran, wie dieser Wert im Alltag gelebt oder umgesetzt wird. Um innere Schätze wie persönliche Werte oder Lebensmotive zu heben, brauchen wir nicht nur den Kopf, sondern vor allem den Zugang zum emotionalen Teil unserer Persönlichkeit. Bauch und Herz sind gefragt. Viel zu oft führt uns der Verstand mit seinen rationalen Argumenten, hinderlichen

Glaubenssätzen oder durch das leidige Vergleichen in die Sackgasse. Ich erinnere mich noch genau daran, als bei uns die Entscheidung für oder gegen unser Sabbatjahr im Raum stand. Wir waren innerlich zerrissen. Wer gibt schon gerne finanzielle Sicherheiten auf, pfeift auf die berufliche Karriere oder riskiert, die Verbundenheit mit dem sozialen Umfeld zu verlieren? Auf der anderen Seite spürte ich, dass ich intensiver Zeit mit meiner Familie und ganz besonders mit unserer jüngsten Tochter verbringen wollte, bevor diese als Teenager zunehmend eigene Wege gehen würde. Ich wusste, unsere Partnerschaft braucht gemeinsam erlebte Träume, um lebendig zu bleiben. Einen sehr großen Wert hatte für mich, wie schon gesagt, die selbst gestaltete, frei verfügbare Zeit. Rational betrachtet, sprach viel gegen die Auszeit. Dennoch habe ich damals auf mein Herz gehört und die emotionale »Bauchentscheidung« nie bereut. Heute gewinne ich aus dieser Erfahrung Kraft, authentisch auf Bühnen zu sprechen und die Herausforderung der Neuorientierung, der wir uns nach dem Sabbatjahr stellen mussten, zu bewältigen.

Zurück zu Ihrer Wertesammlung. Eine Werteanalyse ist keine einmalige Aktion. Sie sollten dies, wenn es Ihr Interesse geweckt hat, nach einer gewissen Zeit wiederholen. Denn ein Wert, der Ihnen heute wichtig ist, kann in Ihrer künftigen Wertehierarchie auch wieder nach hinten rutschen. Sie kennen sicher die Redewendung »Ein Gesunder hat viele Wünsche, ein Kranker nur einen«. Gesundheit ist allen Menschen wichtig, beim Kranken steht sie aber meist an oberster Stelle. Ein Abenteurer, Profi- oder Extremsportler stellt im Vergleich dazu den Wert Gesundheit zeitweise hintenan. Er wertet den Rekord, das Erlebnis oder den Wettkampf höher. Das bedeutet, dass er für das Erreichen eines Zieles das Risiko von Verletzungen oder gesundheitlichen Beeinträchtigungen in Kauf nimmt. Daher empfehlen wir den Teilnehmern unserer Seminare, eine Bestandsaufnahme ihrer persönlichen Werte alle drei bis fünf Jahre für sich durchzuführen. Wer den Wert einer derartigen Analyse für sich erkannt hat, der wird dies sowieso regelmäßig in seinem Leben praktizieren.

Werte wandeln sich

Immer wieder wird in den Medien über einen Werteverfall geklagt. Dabei können Werte eigentlich nicht verfallen, denn sie haben ja einen Wert in sich. Was sich dagegen ändert ist die Beziehung von einzelnen Menschen oder Menschengruppen zu bestimmten Werten. Es geht darum aufmerksam wahrzunehmen, warum manche Werte in einer Gesellschaft höher und auch geringer eingestuft werden.

Spannend, dass Werte wie Echtheit, persönliche Gestaltungsfreiheit, frei einteilbare Zeit, nachhaltiges Handeln, soziale, ökologische Verantwortung, aber auch Treue in Beziehungen und der Wert von Familie von der Generation Y verstärkt entdeckt werden. Mit dem Namen Generation Y wird eine Gruppe gut ausgebildeter, junger Erwachsener, geboren zwischen 1980 und 1995, beschrieben, die aktuell in ihren ersten Berufsjahren in den Unternehmen angekommen sind. Dort streben sie einerseits verantwortliche Positionen an und wollen Führung übernehmen. Andererseits werden gängige Wertmaßstäbe, Karriere- und Rollenverständnisse hinterfragt. »Y« wird im Englischen »why« ausgesprochen, was wiederum vom Wortsinn her »warum« bedeutet. Diese »Warum-Frage« stellt die Generation Y ziemlich hartnäckig. Mitunter fragt sie auch fast trotzig: »Warum nicht?« Die jungen Männer und Frauen suchen eine größere Vereinbarkeit von Familie und Beruf, wollen persönliche Visionen umsetzen und wünschen sich eine Arbeitswelt, die sich ihren Idealen annähert. Sie suchen Sinn vor Status und Glück statt Geld. Dafür sind sie im Gegenzug bereit, leidenschaftlich und begeistert ihre vielfachen Talente zu investieren. Kerstin Bund, 31-jährige Wirtschaftsredakteurin der Wochenzeitung DIE ZEIT, schreibt sehr pointiert über ihre Generation und den Wertewandel, den diese vorantreibt: »Behütet aufgewachsen, gut vernetzt, selbstbewusst und anspruchsvoll. Das ist meine Generation, die nach 1980 Geborenen, die gerade hunderttausendfach die Arbeitswelt betreten und ihren Chefs genauso viel Aufmerksamkeit (wenigstens Blumen zum Geburtstag) und Anerkennung (ein Lob für die Extra-Arbeit) abverlangen wie ihren Eltern. Was also erwarten wir bei der Arbeit? Keine Sorge, es sind keine Firmenwagen mit Vollausstattung, kein Privatparkplatz in der Firmengarage und auch kein Eckbüro mit Glasfront und Ausblick. Mit den alten Insignien der Macht können wir nichts anfangen, die herkömmlichen Statussymbole bedeuten uns wenig.«[24] Bund nennt Selbstbestimmung, Flexibilität, sinnstiftende Arbeit, individuelles Feedback, gute Führung und Auszeiten als wichtige Werte für ihre Generation. Was recht anspruchsvoll daherkommt, ist keinesfalls egoistisch gedacht. Vielmehr sind diese Faktoren für eine langfristig engagierte berufliche Tätigkeit sehr förderlich. Geld sei wichtig, betont Bund, fügt aber hinzu, Geld sei nicht alles. Haben junge Menschen der Generation Y die Wahl zwischen mehr Geld oder mehr Zeit, dann wählen sie eher die Zeit. Herr über seine Zeit zu sein gilt ihnen als hoher Wert, ja sogar als Statussymbol. Das ist verständlich, wenn man bedenkt, dass man in der frei verfügbaren Zeit in der Regel mehr Erlebnisse sammelt, was wiederum ein Schatz in unserem Gehirn ist. Hirnforscher betonen seit Jahren, dass der Wert von Erlebnissen wichtiger, weil langfristig erinnerbarer als materielle Werte ist. Ich kann das aus dem persönlichen Erleben unseres Sabbatjahres bestätigen. Wir werden oft gefragt, womit unsere Familie das Sabbatjahr bezahlt hat. Dann geben wir die ehrliche Antwort: mit Geld und Mut. Und mit einem Augenzwinkern fügt mein Mann stets hinzu: »Den Mut haben wir noch.« Darüber hinaus haben wir eine Fülle von Erlebnissen, neue tragende Freundschaften und Erkenntnisse, die uns heute zufriedener und gelassener machen. Am wertvollsten aber ist für uns das Gefühl, nichts bedauern zu müssen, wenn das Leben plötzlich ein frühes Ende nehmen würde.

Glück als Wert

Auf das Glück und die tatsächlichen Werte des Lebens hin befragt, antwortet der Wirtschaftsnobelpreisträger und Psychologe Daniel

Kahnemann: »Wer sein Glück vergrößern möchte, sollte sich mehr Momente schaffen, in denen er auf etwas Schönes konzentriert ist. Mit Freunden zusammensitzen fordert Konzentration oder auch, seine Enkelkinder zu sehen. Man kann sich nicht daran gewöhnen. Jeder Moment ist neu. Ich kann mir zwar ein tolles, neues Auto kaufen, aber ich kann mich nicht über lange Zeit darauf konzentrieren, dass ich mit einem tollen Auto herumfahre. Es ist irgendwann nicht mehr neu, ich fahre jeden Tag damit und denke am Steuer an etwas anderes, an meine Arbeit oder an den Haushalt. Wenn man mit den Enkelkindern zusammen ist, kann man nur schwerlich an etwas anderes denken.«[25] Mein Mann und ich haben uns mit dem Sabbatjahr eine enorm intensive, lange Zeit solcher Glücksmomente gegönnt, indem wir gleichzeitig auf andere Möglichkeiten verzichtet haben. Das ist ein riesiger Luxus.

Mir ist bewusst, dass es Millionen von Menschen gibt, die nicht in der Lage sind, auszuwählen, wofür sie ihre materiellen Werte einsetzen. Wer gerade arbeitslos ist, durch persönliche Krisen aus der Bahn geworfen wurde oder finanzielle Sorgen hat und sich beispielsweise fragt, wie er die medizinische Sonderbehandlung bei einer schweren Krankheit bezahlen soll, für den stellt sich die Frage nach den Werten im Leben ganz anders. Dennoch bleibt auch unter schwierigsten Lebensumständen die Möglichkeit, sich auf die schönen Momente zu konzentrieren. Wie bereits beschrieben, ist Achtsamkeit ein immens wichtiger Schlüssel für diese Wahrnehmung. Immer wieder lässt sich erkennen, dass Lebensglück, gelebte Werte und innere Zufriedenheit eng miteinander zusammenhängen. Innere Zufriedenheit stellt sich ein, sofern körperliche und psychosoziale Grundbedürfnisse, angefangen von Nahrung und Wohnung bis hin zu Geborgenheit und Anerkennung, abgedeckt sind. Eine Steigerung dieser Zufriedenheit funktioniert nach Erkenntnissen zahlreicher Studien

»Wer sein Glück vergrößern möchte, sollte sich mehr Momente schaffen, in denen er auf etwas Schönes konzentriert ist.«
DANIEL KAHNEMANN

nicht mit einem Mehr an materiellen Werten wie Geld, Gold oder Aktien, sondern über Werte wie Sinn, Wirksamkeit, Liebe, Zugehörigkeit und Glaube.

Über diese Art von Werten spricht Anselm Grün, Benediktinermönch, prominenter Seelsorger und Managementberater in seinen zahlreichen Vorträgen. Er selbst lebt im Kloster und besitzt wenig. Er lebt in der Geborgenheit einer stabilen Gemeinschaft. Förmlich nebenher schreibt er in kleinen Zeitfenstern Buch für Buch. Die meisten davon erreichen ein Millionenpublikum, die Erlöse kommen dem Kloster zugute. Pater Anselm lebt aus seinem Glauben heraus und er tut das so authentisch und ermutigend, dass man in Talkshows, Zeitungen oder im Internet von ihm lesen und hören kann. Eine seiner Botschaften lautet: Werte machen das Leben wertvoll. Ein Mensch, der selbst Werte lebt, wirkt wie Sauerteig für seine Umgebung, die Mitmenschen, das Unternehmen.

Sauerteig führt dazu, dass ein Teig lockerer, besser verdaulich und vor allem aromatischer wird. Außerdem verlängert Sauerteig die Haltbarkeit von Backwaren. Nach Pater Anselms Erfahrung haben Menschen mit gelebten Werten eine vergleichbar positive Auswirkung auf ihr Umfeld. Anselm Grün spricht nicht nur über die seit 2500 Jahren vorherrschenden humanistisch-philosophischen Werte, die auf griechische Denker wie Platon oder Aristoteles zurückgehen. Er analysiert auch gerne die später hinzugekommenen christlichen Hauptwerte Glaube, Liebe und Hoffnung. Fragt man Pater Anselm nach dem Wert des persönlichen Glaubens im Leben, gibt er folgende Antworten:

▸ Glaube entspannt, denn man gibt Verantwortung ab.
▸ Glaube entlastet, denn man kann sich sagen: Ich habe alles menschlich Machbare in der Situation getan und jetzt gebe ich das Ungelöste an Gott ab.
▸ Glaube fördert Vertrauen.
▸ Der Glaube an Gott drückt sich im Vertrauen auf das Gute im anderen Menschen aus.

Glaube, Liebe und Hoffnung bezeichnet Anselm Grün als Kraftquellen für heutiges Leben und sogar als Leitbild für eine verantwortungsvolle Führungskultur. Persönlich gelebte Werte sind demnach entscheidend für den einzelnen Menschen, aber auch für eine ganze Gesellschaft. Die daraus entstehende Verlässlichkeit und Zufriedenheit, das Glücksgefühl und die Lebenskraft sind der eigentliche Wert, nach dem sich die meisten Menschen sehnen.

Coaching to go

Stellen Sie sich drei wertvolle Schlüsselfragen

Diese drei Fragen sind eine wichtige Spur zu Ihren eigenen Werten.
Deshalb stellen Sie sich eine Woche lang immer wieder diese Fragen
und notieren Sie alle Antworten, die Ihnen dazu einfallen. Was kristallisiert sich nach der Woche heraus?

1. Was könnten Sie einen Tag lang tun und dabei die Zeit vergessen?
2. Was würden Sie gerne tun, selbst wenn Sie dafür kein Geld bekämen?
3. Was verschafft Ihnen eine tiefe Lebensfreude und Zufriedenheit?

Werden Sie erlebnisreich

Was könnte Ihnen Freude machen? Was wollten Sie immer schon einmal unternehmen? Wen möchten Sie dazu einladen?
Überlegen Sie sich ein Erlebnis, in das Sie (Zeit, Geld, Aufmerksamkeit, Gedanken ...) investieren, und beobachten Sie, welche Wirkung dies
bei Ihnen hinterlässt.

Teilen Sie eine Handvoll Werte

Wenn Sie Ihre Werte (neu) bestimmt haben, können Sie Ihre fünf
zentralen Werte benennen, indem Sie diese an einer Hand aufzählen.
Wagen Sie es nun, jemandem, den Sie sehr schätzen, von Ihren Werten
zu erzählen. Das trainiert Sie, auch öffentlich zu dem zu stehen, was
Sie als wichtig und wertvoll für sich selbst erkannt haben.

Ein Wert-voller Weg

»Über die Berge zu mir selbst. Ein Banker steigt aus und wagt ein neues Leben«. Ich greife nach dem verheißungsvollen Buchtitel im edlen Schwarz und lese den Klappentext: »März 2007. Die internationalen Finanzmärkte sind in glänzender Verfassung. Rudolf Wötzel, Deutschlandchef der Sektion Mergers & Acquisitions bei der globalen Investmentbank Lehman Brothers, nimmt aus freien Stücken seinen Hut. Sein Grund: Sinnkrise, Burnout, Zweifel am System. Seine Absicht: die Hochgebirgs-Kämme der Alpen zu Fuß zu überqueren, von Salzburg bis Nizza ...« Die 496 Seiten sind innerhalb weniger Tage mit großem Interesse gelesen. Mein Mann und ich diskutieren über knackige Statements und sinnige Erkenntnisse des Umsteigers. Der Same seiner Sabbatical-Erkenntnisse fällt auf einen sehr fruchtbaren Boden in unserer Familie, denn wir planen zu dieser Zeit unser Sabbatjahr. Das Ganze ist jetzt fünf Jahre her. Ich habe Respekt, wenn jemand den Spagat zwischen geschätzten und gelebten Werten nicht mehr aushält und Konsequenzen zieht. Die persönliche Entdeckungsreise Wötzels wird zu einer Sinn- und Wertesuche. Mit Rudolf Wötzel teilen wir die Erfahrung, dass eine bewusste Auszeit zum Gold des eigenen Lebens werden und die Prioritäten des Lebens neu ordnen kann.

»Lebe in den Bergen. Werde sesshaft! Finde deine Heimat! Spüre täglich die Natur. Schreibe! Begeistere Menschen mit dem, was dich begeistert! Erfasse und genieße das Leben mit deinen Sinnen. Lebe im Einklang mit dir selbst! Sei du selbst«[26], schreibt Wötzel auf den letzten Seiten seines Buches. Ich bin gespannt, was er davon umsetzen konnte, und nehme, während ich dieses Buch schreibe, Kontakt mit ihm auf. Nach einigen wenigen E-Mails ist klar, dass wir ihn in

Klosters in der Schweiz besucht werden. Wötzel lebt tatsächlich in den Bergen, er coacht Menschen, hält Vorträge, ist Besitzer einer schlichtschönen Berghütte, in der auch Seminare stattfinden und ist mit fünfzig stolzer Papa geworden. Als er uns, das schlafende Baby auf dem Arm, die Tür öffnet, steht mir ein braungebrannter, dynamischer Mann gegenüber, dem die Lebensfreude aus den Augen spricht. Bei seiner Bergbegeisterung könnte man denken, er hat den Sonntag zu einer Gipfeltour genutzt, von der er in bester Stimmung zurückgekehrt ist. Doch Rudolf Wötzel war an diesem Sonntag weder klettern noch Bergwandern. Er hat den Kinderwagen mit dem Junior geschoben, hat das Lauftempo den Beinen seiner zweijährigen Tochter angepasst und den Ausflug mit Frau und Kindern auf die familientaugliche Alm genossen. Jetzt hat er Zeit und Muße, um mit uns über die Werte in seinem Leben zu philosophieren.

Rudolf Wötzel
Über die Berge zu mir selbst
Ein Banker steigt aus und wagt ein neues Leben
München 2009

Noch immer nehme ich das Buch von Rudolf Wötzel gerne in die Hand. Viele seiner Lebenserkenntnisse sind darin markiert und machen mir Mut, meinen eigenen Weg zu gehen.

Herr Wötzel, als Banker haben Sie jahrelang die Vermehrung von Werten für Ihre Kunden im Sinn gehabt. Sie selbst hatten ein Leben voll materieller Werte und sind dennoch ausgestiegen. Eine Begründung war, Sie könnten Ihre Werte immer weniger selbst leben. Was haben Sie in dieser beruflich äußerst erfolgreichen Zeit vermisst?

Mein Beruf setzte die Bereitschaft voraus, ständig präsent zu sein und ständig in die Zukunft zu denken. Das Jetzt wird dabei irgendwann unbedeutend. Ich verlor immer mehr die Fähigkeit, im Moment zu leben. Damit verlor ich den Kontakt zu mir selbst, zu meinem Körper, zu meinen Träumen, zu dem, was für mich aktuell wichtig war.

Sie beschreiben die Achtung vor sich selbst als einen enorm wichtigen Wert. Wo ist das Problem? Gerade Führungskräfte haben doch meist eine sehr hohe Meinung von sich selbst.

Viele Führungskräfte halten sich für unersetzlich. Sie nehmen sich selbst sehr wichtig. Das ist auch kein Wunder. Es wird ihnen von ihrer Umgebung gespiegelt und sie sind im Unternehmen wichtig. Das ist in meinen Augen aber etwas anderes, als einen guten Selbstwert zu besitzen. Menschen haben das Bedürfnis, so sein zu dürfen wie sie sind, mit Stärken und Schwächen. Person zu sein, ohne gleich an die Funktion zu denken, danach sehnen sich alle Menschen, nicht nur Führungskräfte.

Meiner Erfahrung nach schafft es oft ein ganz bestimmter Typus Mensch in die obersten Führungsetagen von Unternehmen. Ausnahmen mag es immer geben. Ich spreche über eine Mehrheit, nicht über die Gesamtheit. Es ist der Typus des Kämpfers: gebildet, mit perfekten Manieren und mit einem ungebremsten Trieb zum Wettbewerb. Meist sind das große Taktiker, die ihre Siege gut inszenieren. Als kluge Strategen schätzen sie Machtgefüge präzise ein und nutzen jede Möglichkeit, auf der Karriereleiter weiter zu klettern. Dafür brauchen sie eine Art vorauseilenden Gehorsam gegenüber Höherrangigen. Leistung wird bereitwillig geliefert, dafür gibt es »Zuckerbrot« in Form von materiellen Privilegien, Macht oder Status. Die eigenen Bedürfnisse, das Private ist im Gegenzug zweitrangig. Ob man lieber Studienfreunde treffen würde, Sport eingeplant hat, die Familie auf einen wartet – es ist nachrangig. Man ordnet lange Zeit alles dem Ziel unter, aufzusteigen in diesem Erfolgsgefüge.

Irgendwann funktioniert man nur noch und verliert dabei das Gespür für sich selbst. Fragen wie »Wer bin ich wirklich? Welchen Sinn hat das, was ich tue?« stellt sich keiner. Wozu auch, es läuft doch alles wunderbar.

*Na, so wunderbar läuft es eben doch nicht, sonst wären Sie nicht aus-
gestiegen und es würden heute nicht etliche Führungskräfte nach
Klosters kommen, um sich von Ihnen beraten zu lassen. Was empfehlen Sie Menschen, die auf der Suche nach ihren Werten sind?*

Wer es sich leisten will und kann, sei es durch materielle Einschrän-
kung oder durch die Unterstützung von Partner oder Familie, dem
möchte ich raten: Geh in die Welt und erarbeite dir deine eigene Weisheit. Verlasse das Umfeld, was dich daran hindert, tiefere Fragen zu
stellen. Viele Menschen sind dauernd gehetzt. Aufgeregt arbeiten sie
ihre To-do-Listen ab. Das Habenwollen hält sie auf Trab. Menschen,
die Orientierung suchen und mehr Lebensbalance brauchen, rate ich,
dass sie sich die Frage nach den persönlichen Werten im Leben intensiv stellen. Das funktioniert nur schwer in der Stadt. Zwischen gut an-
gezogenen Menschen, umgeben von Konsumverlockungen für jeden
Geschmack versuchen Sie mal, Ihre Lebensprioritäten zu bestimmen.
Es wird schwer gelingen.

Ich persönlich schicke Suchende mit ihrer Frage in die Berge. Da
laufen sie allein, umgeben von majestätischen Gipfeln, hören nichts
außer dem eigenen Herzschlag und vielleicht dem Pfeifen der Mur-
meltiere. Sie sehen unterwegs den Bergbach, der von vielen kleinen
Zuflüssen gespeist wird. Das macht einem ohne viele Worte bewusst,
dass jeder von uns nur ein Teil des großen Ganzen ist. Keiner ist der
Nabel des Universums, egal wie wichtig die Position oder die Aufgabe
in der Firma ist. In Berührung mit individuellen Motiven und Werten
kommt ein Mensch erst, wenn das irrsinnige Vergleichen aufhört.
Wer seine persönlichen Werte gefunden hat, der besitzt mit ihnen
eine Art Fixstern zur Orientierung. Es ist egal, in welches Umfeld
er dann zurück geht. Diesem inneren GPS kann man anschließend
folgen und sich selbst treu bleiben. Das schafft Integrität und dient
dem Selbstwert.

*Sie haben sich zu Fuß monatelang auf die Reise begeben. Welche
Werte haben Sie für sich gefunden?*

Ehrlichkeit, heitere Gelassenheit, Echtheit, Hingabe. Vor der Wanderung war meine Kreditkarte meist der Schlüssel zu einer guten Unterkunft. Während der Alpendurchquerung wusste ich oft nicht, wo ich schlafen werde. Ich habe Geduld und ein zunehmendes Gottvertrauen entwickelt. Das hat mir Tür und Tor geöffnet. Ich habe gelernt, dass es immer eine Lösung gibt. Daraus speist sich Vertrauen. Heute kann ich eher in einer Balance von Wollen und Geschehenlassen leben. Ich strebe an, im Einklang zu leben mit meiner Umwelt und zutiefst mit mir selbst.

Was sind aktuell Ihre obersten Werte?

Da muss ich nicht lange nachdenken. (lacht) Meine Frau und unsere beiden Kinder. Die Zeit, die wir miteinander teilen ist nicht mit Gold aufzuwiegen. Ich möchte meine Kinder auf ihrem Weg ins Leben begleiten und ihnen helfen, glücksfähige Menschen zu werden. Im Jetzt zu leben ist ein hoher Wert für mich.

Sie beschreiben in Ihrem Buch eine kleine Begebenheit mit großen Folgen. Nach dem morgendlichen Tennismatch hatten Sie vergessen, dunkle, zum Anzug passende Socken mitzunehmen. Die Zeit zum nächsten Geschäftstermin war knapp. Sie fuhren im Anzug, allerdings barfuß in den Lederschuhen zum Termin. Diese Peinlichkeit verunsicherte Sie letztlich so, dass sie schlecht verhandeln konnten. Sie sagen rückblickend: »Der Tag war ruiniert!« Können Sie sich heute eine vergleichbare Situation vorstellen und wie würden Sie jetzt reagieren?

(lacht) Mir fällt nichts Vergleichbares ein. Wenn du dir selbst treu bist, kannst du auch zu einer Peinlichkeit, zu deinem Versagen oder einem Misslingen ein Ja finden. Der Wert deiner Person bleibt davon unberührt, auch wenn die Situation natürlich unschön ist. Heute würde ich dem Geschäftspartner lachend mein Missgeschick erzählen und dann souverän zum Geschäft übergehen.

Früher war die Sinnfrage sinnlos, schreiben Sie. Ihr Ziel war es ja, er-
folgreich zu werden. Wie beantworten Sie die Sinnfrage aktuell für sich?
Heute stelle ich die Frage aus einer anderen Perspektive heraus.
Meine Frage lautet: Wie kann ich mich so in die Welt einfügen, dass ich
im Einklang mit ihr lebe? Für die Sinnfrage muss man sich Zeitfenster
gönnen, in denen man ihr immer wieder nachgehen kann. Da hilft es,
eigene Rituale im Alltag dafür zu entwickeln.

Haben Sie so ein Ritual?
Ja. Immer wenn ich von einem Vortrag oder Termin aus der Schweiz
oder Deutschland zurückkomme, dann mache ich weiter unten im Tal
eine Pause. Ich habe die hektische Autobahn und mit ihr das Leben
auf der Überholspur verlassen. Dann fahre ich auf einen Seitenweg
raus. Halte inne, gehe ein Stück in den Wald hinein spazieren, werde
achtsam und dankbar. Nach diesem Ritual komme ich bei mir an und
später sehr bewusst nach Hause.

Rudolf Wötzel arbeitete als Top-Managementberater und Investmentbanker.
Heute betreibt er das »Gemsli«, eine Alpenhütte in den Schweizer Bergen, hält
Vorträge und versteht sich als »Unternehmer seines Lebens«. Rudolf Wötzel lebt
in Klosters in der Schweiz.

einfach
sinnvoll

Sinn gesucht

Das macht doch keinen Sinn! Ich sinniere über die Sinnhaftigkeit dieser Fahrt ins Allgäu. Wir sind zu einer Hochzeit von Freunden ins Allgäu eingeladen. Das ist auf jeden Fall großartig, nur, wir kommen zu spät, viel zu spät. Während die anderen Gäste bereits am Morgen angereist sind und den Tag miteinander verbracht haben, stoßen wir erst am Abend dazu. Macht es Sinn, nur für das abendliche Fest noch so weit zu fahren? Außerdem steckt der Jetlag nicht nur mir, sondern auch meiner Familie noch in den Knochen. Wir sind gerade erst aus den USA zurückgekommen. Eigentlich wäre jetzt ausschlafen und auspacken dran. Stattdessen fahren wir von Stuttgart aus in die Berge, um mit den Freunden zu feiern. Dabei bin ich ziemlich müde, kann die Schönheit der Almwiesen und Berggipfel nicht aus vollem Herzen genießen und sehne mich leise nach einem Bett. Doch der Gedanke wird schnell verdrängt, als wir schließlich ankommen. Der Duft nach gutem Essen liegt bereits in der Luft.

Kurze Zeit später stehen wir gemeinsam mit den anderen Gästen auf der Terrasse des Gasthofes. Alle schauen erwartungsvoll zum Bräutigam, der das Fest eröffnet. Bilderbuchmäßig der Anblick, als das

Brautpaar sich lächelnd in die Augen schaut, küsst und den Gästen vor einem fantastischen Bergpanorama in der Abendsonne zuprostet. Plötzlich ein dumpfer Schlag.

Einer der Gäste sackt urplötzlich in sich zusammen, liegt auf dem Boden. Das Sektglas ist zerbrochen. Die Situation ist unwirklich. Bruchteile von Sekunden sind alle wie erstarrt. Zum Glück sind Mediziner unter den Gästen. Sie reagieren sofort, besonnen und sehr professionell, während wir anderen hilflos abwarten. Was kann man jetzt tun? Wie reagieren?

Kinder brechen mit ihren Fragen als erste das entsetzte Schweigen. Doch wie sollen die Eltern antworten? Was sind die richtigen Worte, wo doch keiner von uns genau weiß, was eigentlich passiert ist. Sekunden kommen mir wie Stunden vor. Es ist klar, dass jetzt niemand Sekt trinken und schon gar nicht feiern kann. In Grüppchen ziehen sich die Gäste auf die Wiese, auf entfernt stehende Sitzgruppen oder auf ihr Zimmer zurück. Der engste Kreis wartet auf die Landung des Rettungshubschraubers. Doch es wird keine Reise ins Leben. Der Herzstillstand wird zur bitteren Tatsache. Was sagt oder tut oder wie reagiert man in so einer Ausnahmesituation? Meine Müdigkeit ist wie weggeblasen. Ich bin hellwach.

Der Tod ist für mich ein Thema, mit dem ich mich beruflich schon viel beschäftigt habe. Als Religionspädagogin schrieb ich meine Abschlussarbeit über das Verhältnis von Kindern zum Tod. Unmittelbar vor diesem Erlebnis habe ich mit Jugendlichen zum Thema Leid und Sterben im Unterricht gearbeitet. Behutsam haben wir die Unabänderlichkeit des Todes ins Bewusstsein geholt um uns die Kostbarkeit des Lebens bewusster zu machen. Wir haben ein Bestattungsunternehmen besucht, das außergewöhnliche Wege in der Trauerarbeit mit den Hinterbliebenen geht. Viele Gedanken jagen mir jetzt durch den Kopf.

Ich begreife: So wie die Ärzte vorhin für den Sterbenden, so habe ich jetzt eine Aufgabe für die Lebenden. Dieser Abend wird ganz anders, als es jeder von uns dachte. Doch er hat eine Intensität in ehrlichen

Gesprächen, im Mitleiden mit dem Brautpaar und den Angehörigen, die uns mehr als jedes Fest zusammenschweißt. Stundenlang schweigen, reden, fragen wir und versuchen, das Unbegreifliche zu bewältigen. Plötzlich ist die Anwesenheit von meinem Mann und mir sehr sinnvoll. Und irgendwann spät in der Nacht können wir tatsächlich noch auf Bitte des Brautvaters hin zusammensitzen und essen.

Wenige Tage danach findet die Trauerfeier statt. Der Gast kam aus Australien und soll auch dort beerdigt werden. Doch Abschied nehmen wollen wir alle hier in Deutschland.

Diese Trauerfeier werde ich nie vergessen. Didgeridoomusik erklingt im Hintergrund. Jeder Gast legt eine Rose aus dem Blumenschmuck der Hochzeit auf dem Sarg ab. Statt einer Predigt hören wir Geschichten und Erinnerungen über den so plötzlich verstorbenen Freund. Es fließen Tränen, wir sind tief bewegt und dennoch spüren viele von uns auch Frieden in sich. Wertvoller und ehrlicher kann man kaum Abschied nehmen.

Wenn ich heute zurückdenke, dann ist dies ein schmerzliches, aber zentrales Erlebnis gewesen. Mich hat es einmal mehr daran erinnert, dass uns der Tod unverhofft und unmittelbar mit der Frage nach dem Sinn unseres Lebens konfrontiert. Und manchmal erkennen wir erst im Rückblick, dass etwas Sinn hatte, was sich in dem Moment, in dem wir es erleben, nicht so angefühlt hat. Vielleicht besteht ein Sinn unseres Lebens darin, zu entdecken, was wir für andere tun können und welche Aufgabe heute auf uns wartet.

Nach Sinn fragen macht Sinn

Ich habe ein neues Smartphone und meine Tochter ein neues Hobby. Alle Fragen dieser Welt stellt sie neuerdings nicht mehr nur ihren Eltern und Freunden, sondern Siri, der virtuellen Assistentin im iPhone. Als ich erzähle, dass ich gerade am Thema »Sinn des Lebens«

schreibe, fragt sie postwendend das Telefon: »Was ist der Sinn des Lebens?« Und siehe da, es kommen zwei interessante Antworten. Zuerst bezieht sich Siri auf die biologische Bestimmung von Tieren, Pflanzen und Menschen: »Leben: Das, was Tiere und Pflanzen von nicht organischer Materie unterscheidet, einschließlich der Fähigkeit zu wachsen, sich fortzupflanzen, aktiv zu sein, sich zu verändern und dann zu sterben«. Die zweite Antwort lautet sehr ehrlich: »Da bin ich überfordert.«

Ich denke, so geht es vielen Menschen, die sich die Mühe machen, nach dem Sinn des Lebens zu fragen. Und diese Mühe macht sich bei weitem nicht jeder. Ein Drittel der Deutschen interessiert es kaum, die Frage nach dem Sinn zu stellen. Sie pflegen eine eher gleichmütige Haltung, vermissen weder Sinn noch Tiefsinn und blenden diese Frage schlicht in ihrem Alltag aus. Sinnforscher wie Tatjana Schnell, Psychologin an der Universität Innsbruck, bezeichnen diese Gruppe als existenziell indifferent. Als ich für die Recherche zu diesem Buch in einer Buchhandlung mit dem Buchhändler ins Gespräch kam, meinte dieser mit deutlich frustriertem Unterton: »Sie schreiben über die Fülle und den Sinn des Lebens? Das interessiert doch keinen. Die Leute interessieren sich bestenfalls dafür, wo sie ihre Fernsehzeitung hingelegt haben.« Ist die Sinnfrage also eine Milieufrage oder eine Frage des Intellektes?

»Glück ist das Abfallprodukt sinnvollen Handelns.«
SUSAN SONTAG

Ich behaupte, es macht Sinn nach dem Sinn zu fragen – auch wenn dies sprachlich nicht korrekt ausgedrückt ist. Eine Sache hat Sinn statt dass sie ihn macht. Warum ist die Erfahrung von Sinn so existenziell für ein erfülltes Leben? Psychotherapeut Uwe Böschenmeyer sagt auf die Frage, was Lebenssinn bedeutet: »Es ist das Gefühl, leben zu wollen, im Hier und Jetzt. Sagen zu können: »Wie gut, dass ich da bin!«, auch wenn die Umstände schwierig sind. Sinn ist für mich das vorrangige Motiv jedes menschlichen Lebens.«[27] Grundsätzlich lässt es sich natürlich auch leben, ohne sich mit dem Lebenssinn auseinanderzusetzen. Allerdings bleibt in diesem Fall eine wesentliche Quelle für den Erhalt von Lebensfreude ungenutzt.

Stark durch Sinn

Dies wird spätestens dann spürbar, wenn es anders läuft als geplant. Für existenziell indifferente Menschen, die sich der Sinnfrage kaum ausgesetzt haben, erhöht sich in Lebenskrisen das Risiko, an Depressionen oder Angststörungen zu erkranken, um ein Vielfaches. Der Griff zu Drogen oder gar ein Suizid kommen für diese Gruppe wesentlich häufiger als Ausweg in Betracht.

Wem es dagegen gelingt, Sinn in seinem Dasein zu sehen, der bleibt gelassener, zuversichtlicher und erholt sich schneller von Schicksalsschlägen. Forscher gehen davon aus, dass Menschen mit einem hohen »Sinnfaktor« in ihrem Leben resilienter, also seelisch widerstandsfähiger sind. Außerdem produziert ihr Körper entzündungshemmende Substanzen, die ihm helfen, Infekte besser abzuwehren. Möglicherweise liegt dies daran, dass diese Menschen bei allen Fehlschlägen und Krisen immer noch die Möglichkeit sehen, ihrem Leben einen Sinn zuzusprechen. Sinn lässt sich folglich nicht nur finden, sondern er wird bewusst in eine Situation hinein interpretiert und individuell entdeckt.

Dass Cornelia Johanna Arnolda ten Boom im April 1944 ins KZ kam, weil sie zusammen mit ihrer Schwester und ihrem Vater jüdische Familien vor dem sicheren Tod durch das Nazi-Regime bewahrte, ist mehr als eine Krise. Es war eine persönliche Katastrophe. Für ihre Angehörigen bedeuteten die Strapazen und Demütigungen im KZ den Tod. Cornelia überlebte. Sie war robuster und gesünder als die Schwester. Vor allem aber ließ sie sich ebenso wie ihre Schwester nicht beirren, aus ihrem christlichen Glauben heraus den Mitgefangenen mit Nächstenliebe und unendlicher Hoffnung zu begegnen. Eine Bibel, ins Lager geschmuggelt, wird zum seelischen Anker für die Frau und durch sie für eine große Anzahl von Häftlingen. Indem sie sich für andere einsetzt, kann Corrie ten Boom für sich einen Sinn in ihrem Leben im Konzentrationslager erkennen. Erstaunlich ist ihr späterer Einsatz für die Versöhnung zwischen Opfern und Tätern der Gewaltorgie im Dritten Reich. Vergebung ist das zentrale Thema in Corrie ten Booms zahlreichen Vorträgen und ihrem vielbeachteten Buch »Die Zuflucht«. Ich selbst lasse mich sehr gerne von solchen Menschen anstecken, nach meinen eigenen Handlungsmöglichkeiten zu suchen und dem, was mir begegnet, mit meinem Leben eine Antwort zu geben. Corrie ten Boom zählt eindeutig zu den Menschen, die helfen, Sinn zu stiften, indem sie authentisch vorleben, dass man in jeder noch so dramatischen Situation etwas gestalten kann.

Die Frage nach dem Wozu beantworten

Maximale Hilflosigkeit, unvorstellbares Leid und pure Hoffnungslosigkeit sind auch für den Wiener Psychiater Viktor Frankl das Umfeld seiner Beobachtungen und Erkenntnisse gewesen. Er entwickelte daraus die Existenzanalyse und Logotherapie. Frankl geht davon aus, dass Sinn die gelebte Antwort auf die Frage ist: Wozu soll ich leben?

Kennen Sie auch diese Wozu-Fragen, die in manchen Alltagssituationen plötzlich auftauchen? Wozu etwas tun, wenn letztlich nicht viel davon übrig bleibt? Wozu putzen, wenn die Familie gleich wieder alles dreckig macht? Wozu sich engagieren, wenn die Initiative so wenig bewirkt? Das »Wozu« fragt nach dem umfassenden Zusammenhang. Viktor Frankl plädiert für eine Sinn-Lehre, um der Sinn-Leere vieler Mitmenschen nach dem Ende des zweiten Weltkrieges zu begegnen. Seine Erkenntnis fasst er in Anlehnung an den Philosophen Friedrich Nietzsche so zusammen: Wer ein Warum zu leben hat, erträgt fast jedes Wie. Es geht

Wer ein Warum zu leben hat, erträgt fast jedes Wie.

also darum, das Warum zu entdecken und zwar in jedem Lebensabschnitt, in jeder Lebenssituation aufs Neue. Leben lässt sich nicht nur erleben oder aushalten, sondern mal mehr, mal weniger gestalten. Diesen Spielraum zum eigenen Gestalten müssen wir suchen und dann nutzen.

Nach meinen Vorträgen werde ich manchmal gefragt, wieso ich davon überzeugt bin, dass man grundsätzlich die Freiheit hat, sich für etwas oder gegen etwas zu entscheiden. Gibt es nicht auch Situationen, in denen wir nicht mehr in der Lage sind, zu entscheiden. Leidvolle Situationen, in denen wir einfach nur ausgeliefert sind?

Ich beziehe mich dann auf Viktor Frankl, der nach seinen Beobachtungen im KZ sagt, man kann einem Menschen alles nehmen, nicht aber die Freiheit, sich so oder so zu einer Sache zu verhalten. Ja, es stimmt, manche Situationen lassen sich nicht verändern, so gerne wir das auch tun würden. Doch selbst in dieser Situation hat jeder Mensch die Wahl, wie er sich jetzt dazu verhalten will. Ich habe keine Ratschläge, keine Lösung für die einzelne Situation bereit. Dies ist zu individuell. Es gibt kein richtig und falsch, aber es gibt die entscheidende Tatsache, dass wir tatsächlich die Freiheit haben, zu wählen, wie wir mit dem umgehen wollen, was uns begegnet.

Manche Menschen leben so, als befänden sie sich noch in einer Art »Vorhof des Lebens«: Das eigentliche, das gute Leben beginnt erst, wenn sie vermögender, in einer festen Beziehung, mit einem Studienabschluss ausgestattet, in einer unkündbaren Stelle oder wieder gesund sind. Leben wird von ihnen an Erwartungen gebunden, die den Charakter von Forderungen haben. Und was, wenn diese Menschen ein Leben lang in Erwartung auf das eigentliche Leben leben? Dann ist die Erkenntnis des Todes umso schrecklicher, denn dann stellt sich massiv die Frage: »Was, das soll schon alles gewesen sein?«

Dieses Denken fördert eher Unzufriedenheit als Lebensfülle. Es gibt Verhaltensweisen, die wie Stolperfallen für ein gutes, sinnerfülltes Leben wirken. Und es geht leider unglaublich schnell, dass man selbst hineintappt. Prüfen Sie sich einmal, ob Sie:

- meist klare Forderungen an Ihr Leben stellen?
- sich häufig abhängig vom Verhalten anderer Menschen machen?
- oft über Ihre Schwächen, Probleme und Fehler nachgrübeln?
- oft betonen: »Ich muss dies und jenes tun« statt »Ich habe die Möglichkeit, dies oder jenes zu tun«?
- sich erst dann erlauben, zufrieden und glücklich zu sein, wenn Sie ein bestimmtes, definiertes Ziel erreicht haben?

Kommt Ihnen das eine oder andere sehr bekannt vor? Keine Sorge, jeder von uns tut das oben Genannte von Zeit zu Zeit. Das ist ganz normal. Schwierig wird es, wenn dies zur generellen Denkweise wird. Dann hilft es, sich mit einem Schmunzeln daran zu erinnern, dass der Kopf rund ist, damit das Denken seine Richtung ändern kann. Es ist hilfreich, für diese Richtungsänderung ebenfalls gute Fragen zur Verfügung zu haben. Prüfen Sie für sich, ob Ihnen folgende Impulsfragen helfen, eine schwierige Situation, die Ihnen Mühe oder Sorgen macht, zu entschärfen.

- Wozu kann ich diese Erfahrung in meinem Leben nutzen?
- Kann ich in dieser Situation irgendetwas Schönes oder Einmaliges, Besonderes entdecken?
- Was kann ich in der gegenwärtigen Situation Wertvolles tun oder Zukunftsweisendes denken?
- Welche Sichtweise kann mich jetzt weiterbringen und welche Sichtweise frustriert mich oder schränkt mich ein? Fokussieren Sie sich unbedingt auf die erste Sichtweise.

Gestalten statt resignieren

Es geht immer darum, und sei es nur in kleinsten Schritten, etwas zu gestalten, statt zu resignieren. Ken Robinson, von dem ich bereits schrieb, ist ein begnadeter Redner und viel beachteter

Bildungsexperte. Als Kind erkrankte er ebenso wie Margarethe Steiff und Martha Mason an Kinderlähmung. Allen dreien ist gemeinsam, dass sie sich nicht damit abgefunden haben, weniger wert, nutzlos oder kraftlos zu sein. Jeder von ihnen hat versucht, unter den gegebenen Umständen das Beste aus sich und der Situation zu machen. Margarethe Steiff lernte nähen, hatte kreative Ideen und entwickelte unternehmerisches Denken. Ihr wird nachgesagt, dass es das Leuchten in den Kinderaugen gewesen sei, was sie immer wieder ermutigt und inspiriert hat, die berühmten Steiff-Tiere zu entwickeln. Dass sich Ken Robinson niemals über seine Behinderung definiert hat, verdankt er seinen Eltern, einfachen Arbeitern aus Liverpool. Mit ihren sechs weiteren Kindern war die Familie sicherlich gut beschäftigt und dennoch gelang es den Eltern, dem kleinen Jungen so viel Rückenwind zu geben, dass er nicht verzweifelte, als sein Traum, ein großer Fußballer zu werden, zerbrach. Stattdessen besann sich Ken auf das, was er konnte. Er lernte gerne, studierte später, entdeckte seinen trockenen Humor und sein Talent, Vorträge zu halten. Heute lebt er mit Frau und Kindern in Los Angeles und schrieb 2009 den New York Times-Bestseller »The Element«.

Bei allem Optimismus hätte Ken wohl nicht erwartet, für seine Verdienste im Bildungsbereich eines Tages von der englischen Königin zum Ritter geadelt zu werden. Sir Ken Robinson erreichte mit seinen humorvollen, klugen und aufrüttelnden Vorträgen allein über die Internetplattform TED Talk schon weit über 26 Millionen Klicks. Das sind gewaltige Schritte, verglichen mit seiner realen Fähigkeit, sich gehend fortzubewegen.

In kleinsten Schritten etwas zu bewegen und damit Sinn im eigenen, möglicherweise beschränkten, Leben zu entwickeln, ist auch Martha Mason auf beeindruckende Weise gelungen. Sie wurde fast 72 Jahre alt und das, obwohl die Ärzte das damals elfjährige Mädchen mit einer Prognose von nur einem Jahr Lebenszeit aus dem Krankenhaus entließen. Martha lebte von dieser Zeit an vom Hals abwärts gelähmt in einem riesigen Apparat, der eisernen Lunge. Und auch hier waren es die Eltern, die Martha das Lernen zugänglich machten. Sie ermöglichten ihr mit der Hilfe von Hauslehrern den Schulabschluss. Martha war äußerst wissbegierig und absolvierte später sogar zwei Colleges mit Auszeichnung. Alles Lernen erfolgte über technische Hilfsmittel. Martha verließ ihr eisernes Gefängnis nie. Allerdings hat Martha dies eben auch nicht als Gefängnis betrachtet, sondern es gelang ihr auf erstaunliche Weise, die eiserne Lunge als ihre Lebensunterstützung zu sehen.

Von sich selbst sagt Martha, sie habe überlebt, weil sie unglaublich neugierig auf die Welt war. Das Lernen hat ihr Motivation und der Austausch mit anderen Menschen Sinn gegeben. Martha wird in ihrem 400-Einwohner-Dorf Lattimore in den USA zum sozialen Mittelpunkt. Sie führt Gesprächskreise über Literatur und Politik, versammelt die Menschen zu Dinnerparties, die neben ihrem eisernen Bett stattfinden, und bereichert andere, statt Bereicherung zu erwarten. Vielleicht ist genau dies ihr Geheimnis. Sie ist da, hört aufmerksam zu, fragt klug nach, teilt ihr Wissen und nimmt Anteil am Leben der anderen. 60 Jahre völlig ausgeliefert und körperlich komplett auf andere angewiesen, gelingt es Martha dennoch, Lebensfreude zu verschenken.

Zugegeben, es ist ein extremes Beispiel, doch mir macht es bewusst, auf welch hohem Niveau ich manchmal über meine Probleme klage. Dass Sinn in jeder Situation zu entwickeln ist und es dabei entscheidend auf meine Perspektive ankommt, lerne ich über solche Lebensgeschichten. Deshalb danke ich Menschen wie Margarethe, Martha oder Ken, die nicht an ihrem Schicksal verzweifelt sind, sondern vorleben, was es heißt, das Beste aus seinem Leben zu machen.

Wenn wir aufmerksam sind, werden wir auch in unserem jeweiligen Lebensumfeld solch inspirierende Menschen entdecken, die uns Aufwind im Leben geben. Ich bin vor wenigen Tagen von Madita van Hülsen, einer Hamburger Moderatorin, für einen Podcast interviewt worden. Ungeplant sind wir dabei in ein sehr intensives, besonders persönliches Gespräch eingetaucht. Die erfolgreiche junge Frau erzählt mir von ihrem Herzensprojekt »Vergiss mein nie« (www.vergissmein-nie.de). Dahinter steht die Idee, Menschen im Umgang mit ihrer Trauer zu unterstützen und die Erinnerungen an einen lieben Verstorbenen besonders wertzuschätzen. Madita und ihre Geschäftspartnerin nennen sich Erinnerungsmanagerinnen. Beide haben in ihrem Leben Todesfälle in der Familie erlebt und erfahren, dass die Gestaltung der Beerdigung und die persönliche Nachsorge alles andere als gelungen waren. Als sich die beiden Frauen eines Tages zufällig beruflich begegneten, war klar, dass sie ein gemeinsames Anliegen haben: Sie

„Mein persönlicher Gewinn ist, dass ich erfüllend mit Menschen arbeiten darf. Ich habe gemerkt, dass dieser Ort zu tausend Prozent der richtige Platz ist. Das lässt sich schwer in Worte fassen, denn es ist ein Gefühl und jede Pore in dir sagt und zeigt dir, dass das dein Plätzchen im Mosaik des Lebens ist.

MADITA VAN HÜLSEN

wollen das Thema Tod aus der dunklen, sprachlosen Ecke herausholen. Denn der Tod ist eine unumgängliche Tatsache unseres Lebens. Wir sollten ihm besser mit Aufmerksamkeit als mit Ausblendung begegnen. Madita van Hülsen sagt: »Es ist nicht gesund, dass unsere Gesellschaft dieses Thema so verdrängt und dass wir alle in einer oberflächlichen Welt aus ‚Happiness‘, aber nicht mit ehrlicher Glückseligkeit für uns als Individuum leben. Der Sinn, an Verstorbene zu erinnern oder grundsätzlich Erinnerungen von Menschen festzuhalten – auch wenn sie noch leben –, besteht darin, Gedanken, Gefühle und Werte weiterzugeben und den Menschen weiterhin im Herzen zu tragen und zu lieben, weil man an ihn denkt.« Ich habe Madita gefragt, was ihr dieses Engagement in Bezug auf Sinn biete. Sie antwortet: »Mein persönlicher Gewinn ist, dass ich erfüllend mit Menschen arbeiten darf. Ich habe gemerkt, dass dieser Ort zu tausend Prozent der richtige Platz ist. Das lässt sich schwer in Worte fassen, denn es ist ein Gefühl und jede Pore in dir sagt und zeigt dir, dass das dein Plätzchen im Mosaik des Lebens ist. Ich möchte grundsätzlich Menschen glücklich machen. In meiner Moderation ist es dasselbe, nur dass die Themen dort oftmals nicht so sinnerfüllt sind. Es geht mir um die Nachhaltigkeit. Was weist über mich hinaus? Wo kann ich etwas im Leben zum Positiven verändern und ein wenig die Welt verbessern? Mit ›vergiss-mein-nie‹ gelingt dies sichtlich und das erfüllt mich.« Ob jemand resigniert, aufgibt, anderen die Schuld für eine Misere gibt oder selbst etwas gestaltet, hat eine direkte Rückwirkung auf das eigene Empfinden von Sinn. Gelingendes Leben bedeutet für die meisten Menschen, dass sie sich am richtigen Platz fühlen, das Schöne in ihrem Leben entdecken und die Kraft haben, aus den gegebenen Umständen etwas zu machen.

»AHA« – die Sinn-Formel

Frankl entwickelte drei Zugänge zu mehr Lebenssinn, sogenannte Sinnstraßen. Ich habe daraus eine leicht verständliche »Sinn-Formel« entworfen. Damit können Sie sich mit Leichtigkeit auch später noch an die drei Strategien erinnern, mit denen sich Sinn im Leben aufspüren lässt. Ich nenne sie die AHA-Formel: AHA wie Achtsamkeit, Haltung und Aktion. Was bedeutet dies konkret?

1. Weg zum Sinn: *A wie Achtsamkeit*

Hier geht es darum, Schönheit wahrzunehmen. Luise Reddemann, die Traumaexpertin, sagt: Von der Schönheit weißt du nichts, wenn du sie nicht bemerkst. Es geht also darum, zu bemerken, was um mich herum geschieht, und was davon staunens- oder bewundernswert ist. Das kann das Lächeln meines Gegenübers in der U-Bahn, der Schmetterling auf dem Tassenrand, der Sonnenstrahl auf meinem Schreibtisch sein. Es gibt Dinge, Lebewesen und Momente, die einfach schön sind. Wenn ich dies wahrnehme, dann vollziehe ich etwas

Es gibt Dinge, Lebewesen und Momente, die einfach schön sind. Wenn ich dies wahrnehme, dann vollziehe ich etwas davon innerlich nach und nehme förmlich das Schöne in mich auf.

davon innerlich nach und nehme förmlich das Schöne in mich auf. Das geschieht fast automatisch überall dort, wo ich mit allen Sinnen ganz da und ganz im Moment bin. Deshalb ist es so unglaublich wichtig, Kinder beim Staunen und Entdecken ihrer Welt zu unterstützen.

Frankl nennt diese Achtsamkeit für das Schöne: *Erlebniswerte* wahrnehmen. Für solche Erlebniswerte brauchen wir keineswegs weite Reisen, den Besuch von sogenannten Erlebnisparks und schon gar nicht Computer, Fernsehen und Co. Um das Wahrnehmen zu schulen sind im Gegenteil die Stille, die Natur, das bewusste Hören und das aufmerksame Sehen ganz entscheidend. Indem wir im Alltag innehalten, lernen wir das Schöne zu entdecken.

2. Weg zum Sinn: *H wie Haltung*

Mitunter ist das Leben richtig hart. Da lassen sich Umstände einfach nicht ändern. Das frustriert, macht hilflos. Hier ist die große Herausforderung, das Unabänderliche zu akzeptieren und dann ein Dennoch zu finden, was aus der Sackgasse zumindest gedanklich herausführt.

Mit Coaching-Klienten übe ich, auf Krisen, Ärger oder Frustrationen in zwei Schritten zu reagieren. Zuerst gilt es zu lernen, etwas Geschehenes wahrzunehmen, ohne es sofort innerlich zu bewerten. In einem nächsten Schritt ist es möglich, innerlich auf Distanz zu der jeweiligen Sache oder Person gehen. Es ist die sogenannte Adlerperspektive, die wir einnehmen können. Stellen Sie sich vor, Sie malen sich aus, wie Ihnen eine bestimmte Erfahrung in der Zukunft nützlich ist oder Ihnen hilft, besser mit einer ähnlichen Situation umzugehen. Wie dramatisch ist das, was Sie momentan ärgert oder belastet, aus einem Abstand von drei Tagen, drei Monaten oder drei Jahren heraus gesehen? Meist schrumpfen viele Probleme dadurch bereits auf ein angemessenes Maß und bestimmen nicht mehr das gesamte Denken und Handeln. Da diese Haltung maßgeblich mit der eigenen Einstellung zu einem Sachverhalt oder Erlebnis zu tun hat, bezeichnet Frankl diesen Wert als *Einstellungwert*.

3. Weg zum Sinn: *A wie Aktion*

Nach Frankl geht es hier um die *schöpferischen Werte*. Damit meint er die Fähigkeit, in der gegenwärtigen Situation etwas zu bewegen und etwas Schöpferisches, Wertvolles zu dieser Welt beizutragen. Ich sage einfach, es ist Zeit, aktiv zu werden. Wer Sinn in seinem Leben sucht, dem empfehle ich, mit seinem Tun diese Welt oder schlicht sein Umfeld zu bereichern. Dazu braucht niemand Heldentaten zu vollbringen. Es geht darum, gewissenhaft und verlässlich zu handeln. Ein Kind großziehen, den Kranken pflegen, für die Familie, die Schulklasse, das Team in der Firma da zu sein, das eigene Leben trotz Handicap zu meistern – all das sind Aktionen, die wir oft als unbedeutend abtun. Dabei ist jedem von uns klar, dass wer einen Stein ins Wasser wirft, weiß, dass dieser Stein Kreise zieht. Jede Aktion, und ist sie noch so klein oder scheinbar unbedeutend, hat eine Wirkung. Ähnlich ist es, wenn wir an irgendeiner Stelle unseres Lebens eine Veränderung vornehmen. Diese kann sich in viel mehr Bereichen auswirken, als wir es uns vorstellen können. Allein diese Erkenntnis motiviert und verleiht uns innere Flügel. Also beginnen Sie, wenn Sie etwas verändern wollen, mit einem kleinen Anstoß, mit dem Leichtesten. Stellen Sie sich vor, es wäre nur für Heute. Das befreit Sie von dem Druck, gleich das ganze Leben und die ganze Welt retten oder verändern zu müssen.

Die *AHA-Formel* bringt die drei Wege zum Sinn einfach auf den Punkt. Achtsamkeit, innere Haltung und Aktion, also kleine aktive Handlungen, sind Schlüssel für die Steigerung von Sinnerfahrung im Leben. Vielleicht haben Sie Lust bekommen, diese Formel für Ihr Leben umzusetzen und in Ihrem Alltag anzuwenden. Eine kleine Anleitung dazu habe ich im »Coaching to go« für Sie beschrieben.
Suchen Sie sich Menschen, die Ihnen dabei hilfreich zur Seite stehen können. Wer ist ähnlich wie Sie unterwegs? Wer hat schon tiefe oder hilfreiche Erfahrungen gemacht?

Erfolg ist nicht das Gleiche wie Erfüllung

Erfolg erfüllt auf Dauer nicht. Allerdings wage ich zu behaupten, dass Erfolg für einen auf Erfüllung ausgerichteten Menschen zu einem schönen Nebenprodukt wird. Ist Sinn ein Rezept, um erfolgreich zu werden? Sicher nicht, denn Erfolg setzt zwar ein zielgerichtetes Handeln voraus, ist aber nicht berechenbar. Erfolg ist kein Naturgesetz, er stellt sich nicht zwangsläufig ein. Sinn liegt nicht darin, Erfolg zu haben, sondern darin, sich für einen Wert entschieden einzusetzen. Dazu ist es nötig, sich um der Sache und nicht um des Erfolges wegen auf etwas einzulassen und die eigenen Kräfte in den Dienst dieser Sache zu stellen. Sinn hat sehr viel mit Hingabe zu tun, ein schönes altes, heute kaum noch benutztes Wort. Wenn sich ein Mensch einer Sache hingibt, dann empfindet er vermutlich das tiefe Glück, die Inhalte leben zu können, die ihm wichtig sind. Und genau hier stellt sich die Erfüllung ein. Vier Fragen können Ihnen helfen, an der Erfüllung wie an einem Leitstern dran zu bleiben.

Wenn sich ein Mensch einer Sache hingibt, dann empfindet er vermutlich das tiefe Glück, die Inhalte leben zu können, die ihm wichtig sind.

1. Welches Ziel möchten Sie gerne erreichen?
2. Gibt es etwas, was Sie bereits auf dem Weg zu diesem Ziel fasziniert und begeistert?
3. Angenommen, Sie erreichen Ihr gesetztes Ziel nicht, hat sich der Aufwand dennoch gelohnt?
4. Wissen Sie, warum Sie das tun, was Sie tun?

Ich übertrage es einmal beispielhaft auf meine aktuelle Situation. Seit Monaten schreibe ich an diesem Buch über ein erfülltes Leben. Was möchte ich damit erreichen? Ich möchte Menschen ermutigen, Verantwortung für das Gelingen ihres Lebens, für mehr Lebensfreude und persönliches Glück zu übernehmen. Ich bin davon überzeugt, dass Sie als Leserinnen und Leser Ihrem Leben mehr Tiefe und Fülle geben können, wenn sie den einen oder anderen Impuls aufgreifen. Und jetzt kommt das Schöne: Für mich hat sich das Schreiben bereits heute gelohnt, wo ich noch am Manuskript arbeite und kein Mensch (meine Familie und einige enge Freunde mal ausgeklammert) das Geschriebene kennt. Warum? Weil es unglaublich Freude macht, zu entdecken, was Wissenschaftler, Coaches und Menschen mit Lebenskompetenz über Erfüllung, Erfolg und Gelingen unseres Lebens entdeckt und erarbeitet haben. Allein dieses Forschen hat mich in den letzten Wochen begeistert. Zudem schreibe ich für mein Leben gern, weil sich dadurch meine eigenen Gedanken sortieren. »Schreiben heißt finden, was in dir lebt«, hat ein schlauer Mensch einmal treffend gesagt. Ich bin extrem fündig geworden. Abgesehen davon habe ich einen wunderbaren Verlag, der mich unterstützt und dieses Buch engagiert publizieren wird. Außerdem gibt es eine Lektorin, die ich in ihrer klaren, feinsinnig-klugen Lesekompetenz sehr schätze und die es mir ermöglicht, mein Wissen auf die beste Weise wiederzugeben. Ich finde das Buchschreiben ist eine der allerschönsten Möglichkeiten, Wissen aufzubereiten und in eine alltagstaugliche Praxis zu übertragen. Dies alles verschafft mir einen richtigen Sinn-Gewinn. Selbst wenn kein einziger Mensch mein Buch jemals lesen würde: Ich fühle mich damit reich beschenkt. Ohne Frage freue ich mich, sollte das Buch erfolgreich auf der Bestsellerliste landen, erfüllt hat es mich bereits beim Schreiben.

Sinn gesucht – Glück gefunden

Alfried Längle, Vizepräsident der IFP (International Federation of Psychotherapy), Wiener Psychotherapeut, Arzt und Autor, ist dem Sinn seit Jahren auf der Spur. Er hat ein praktisches Buch über die Logotherapie, die gezielte Sinn- und Existenzanalyse geschrieben. Längle verweist auf vier interessante Fragen, um sich der Suche nach dem Sinn immer wieder auszusetzen:

1. Habe ich heute Freude, Zuneigung, Liebe erfahren und geben können?

2. Habe ich heute an einer Aufgabe gearbeitet, mit Spaß, mit voller Zuwendung und Hingabe – freudvoll?

3. Habe ich mich heute für etwas eingesetzt, bin ich für etwas eingestanden, das mir echt am Herzen liegt?

4. Welche Gelegenheiten habe ich genutzt, welche habe ich verstreichen lassen? Was möchte ich morgen anders machen? [28]

Alfried Längle
Sinnvoll leben: Eine praktische Anleitung der Logotherapie
St. Pölten/Salzburg [2]2011

Ein fundiertes und gut lesbares Sinn-Sucher-Buch mit vielen praktischen Fragen und Übungen.

Meiner Erfahrung nach haben diese Fragen eine gewisse Leichtigkeit und machen Lust, sich dem Sinn fast spielerisch zu nähern. Wesentlich herausfordernder ist dagegen die *Vision Quest*, die Visionensuche. Einige Mutige machen sich gezielt auf die Suche nach dem Sinn und Wert ihres Lebens, indem sie sich wie die Urvölker auf eine *Vision Quest* begeben. Besonders wenn es darum ging, die persönliche Aufgabe oder Lebensbestimmung zu finden und diese zu prüfen, gingen Helden, Heldinnen oder die großen Propheten fast aller Religionen in die Einsamkeit. Sie wollten allein sein, sich den eigenen Ängsten stellen, eine Bestätigung für ihr Tun empfangen und damit eine Basis legen, der später weder Misserfolge noch Zweifel die Kraft rauben konnten. Heute hat das »Solo« aus der Erlebnispädagogik kommend oder die sogenannte Visionsarbeit wieder enorme Aufmerksamkeit bekommen. Im Gegensatz zur unfreiwilligen Einsamkeit, die sich im Englischen mit *loneliness* umschreiben lässt, suchen die »Quester« die *solitude*, das gezielte Alleinsein. Bei der Visionssuche achten die Vision-Quest-Leiter sehr genau auf die Sicherheit und die äußeren Rahmenbedingungen für die Teilnehmenden.

Alle Teilnehmenden bereiten sich auf diese drei bis vier Tage vor, indem sie die Fragen, die sie in der Einsamkeit bewegen möchten, bestimmen und für sich einen Ort suchen, an dem sie sich sicher fühlen und den sie als inspirierend erleben. Es gibt Rituale, mit denen die Sicherheit der Teilnehmenden überprüft wird, ohne dass man sich dafür mit anderen direkt treffen muss. Oft entscheiden sich Visions-Suchende nicht nur für das Alleinsein, sondern sie fasten noch dazu feste Nahrung und nehmen nur Getränke zu sich. Menschen, die sich darauf einlassen, lernen, es mit sich selbst auszuhalten, fokussieren sich auf das Wesentliche in ihrem Leben, werden tiefsinnig und kreativ-tatendurstig.

Sich für andere einzusetzen ist ganz offensichtlich ein Weg zu mehr Sinnerfüllung.

Unschwer sich vorzustellen, dass dies eine extrem intensive Erfahrung ist, von der die meisten »Quester« im Nachhinein sagen, diese Tage haben ihnen eine neue, tiefe Lebenskraft geschenkt. Sie haben (erneut) Sinn in ihrem Leben entdeckt.

Andere Menschen spüren jahrelang eine nagende Sehnsucht nach mehr Tief-Sinn oder Bedeutung in ihrem Leben, können aber nur schwer erklären, wieso das so ist. Von außen betrachtet fehlt ihnen nichts zum Glück. Wie beispielsweise bei Douglass Tompkins. Der Unternehmer und Chef zweier florierender Modeunternehmen fand irgendwann keinen Sinn mehr im »Höher, Schneller, Weiter« seines Firmenimperiums. Tompkins verkaufte seine Firmen Esprit und North Face, gab den Managerposten auf und widmet sich seither intensivst dem Umwelt- und Artenschutz. In Argentinien und Chile kaufte Tompkins zusammen mit seiner Frau Kris mehr als eine Million Hektar Land mit dem Ziel, dieses zu renaturieren und in Nationalparks umzuwandeln. Da Tompkins auch in seiner neuen Aufgabe als Umweltaktivist und Großbauer den Sinn für Schönheit und Ästhetik behalten hat, nennen ihn die Medien gerne den »Bauer Picassos«. Aus dem Flugzeug heraus betrachtet ähnelt die Anlage seiner argentinischen

Farm Laguna Blanca einem stilvollen Gemälde. Schwungvoll und in verschiedenen Farben bilden die Felder eine wunderbare Landschaftskomposition.

Doch Tompkins geht es nicht darum, ein Idyll um seiner selbst willen zu schaffen, sondern die Industrialisierung zu stoppen, von der er glaubt, dass sie den Lebensraum für uns alle immer weiter zerstört. »Um die Erde zu retten, müssen wir unsere wachstumsfixierte Lebensweise durch eine nachhaltige ersetzen«, meint Tompkins. Zwei Nationalparks sind bereits entstanden und sollen in die Hoheit der jeweiligen Staaten übergeben werden, sobald die sicheren Schutzrechte dafür vereinbart sind. Tompkins hat die Vision von großen, sicheren, geschützten Lebensräumen für Tiere und Pflanzen. Er arbeitet mit allen Kräften für das, was er als sinnstiftend erkannt hat und sagt von sich: »Ich bin jetzt viel reicher als früher.«

Damit bestätigt er, was Forscher wie die Kanadierinnen Elizabeth Dunn oder Lara Aknin in repräsentativen Umfragen und Experimenten herausfanden. Wer sich freiwillig und gezielt für andere einsetzt, verschafft sich nicht nur kurzfristig gute Gefühle, sondern steigert damit seine generelle Lebenszufriedenheit. Jedes der Experimente der Psychologinnen bestätigte, dass Menschen am glücklichsten sind, wenn sie etwas für andere einsetzen konnten. Versuchsteilnehmer bekamen beispielsweise jeweils zehn Dollar mit unterschiedlichen Aufgaben verbunden. Gruppe eins durfte das Geld für sich einsetzen, Gruppe zwei sollte es gezielt verschenken und Gruppe drei sollte damit jemanden zum Beispiel zum Kaffee einladen. Gruppe drei hatte den nachhaltigsten Sinngewinn dabei. Kein Wunder also, wenn sich Tompkins nach seinem engagierten Einsatz für die Umwelt und für seine Mitmenschen jetzt reicher als zuvor fühlt. Gemeinsam mit Naturliebhabern, die sich zum Beispiel an dem von ihm neu geschaffenen Parque Pumalin freuen und

Es geht beim guten Leben eben nicht nur um das eigene Wohlbefinden, sondern darum, auch anderen weiterzuhelfen und damit Sinn und Lebensfülle zu mehren.

dort zwischen Pazifik und argentinischer Grenze ein knapp 300 000 Hektar großes Naturparadies durchstreifen können, genießt Tompkins mit tiefer Freude diesen Schutzraum für Tiere und Pflanzen. Sich für andere einzusetzen ist ganz offensichtlich ein Weg zu mehr Sinnerfüllung. Doch niemand muss zuerst ein Vermögen besitzen, um damit Gutes zu tun. Wir können einander bereichern mit unseren Ideen, mit menschlicher Zuwendung, echtem Einfühlungsvermögen, mit Kontakten und Wissen. Die *share community* wächst kontinuierlich. Es geht beim guten Leben eben nicht nur um das eigene Wohlbefinden, sondern darum, auch anderen weiterzuhelfen und damit Sinn und Lebensfülle zu mehren.

Ich erinnere mich an ein Erlebnis mit meiner Tochter. Wir waren in der Stadt an einem Menschen vorbeigegangen, der die Passanten in der Fußgängerzone um Geld bat. Im Anschluss musste ich viele Fragen der damals Achtjährigen beantworten und auf manche der Kinderfragen hatte ich keine wirkliche Antwort. Warum ist jemand arm und warum kann er nicht arbeiten und warum geben wir nicht immer etwas von unserem Reichtum ab und, und, und. Ich machte ihr deutlich, dass es mir widerstrebt, einfach nur Geld in eine Mütze zu legen. Wir dachten darüber nach, ob der Mann wirklich Hunger hatte, so wie es auf dem Schild neben der Mütze geschrieben stand. Und was, wenn wir nun ein belegtes Brötchen oder einen guten Kuchen kaufen? Möglicherweise sehnt er sich gerade eher nach einem Schnitzel oder einer Flasche Bier.

Schließlich hatte ich eine Idee. In einem nahegelegenen Café gab es Verzehrgutscheine in Form von goldfarbenen Kaffeebohnen zu kaufen. Wir erstanden einige der Bohnen und hofften, damit dem Mann etwas Gutes zu tun, ohne ihn zu bestimmen oder zu bevormunden. Meine Tochter legte ihm die Bohnen nicht einfach in die Mütze, sondern drückte sie ihm in die Hand und erklärte dem Mann, dass er sich damit einen Besuch im warmen Café leisten und selbst auswählen könne, was ihm gerade schmeckt. Danach winkte sie ihm zu und drehte sich im Weitergehen noch etliche Male um, bis sie sah, wie der

Mann seine Decke zusammenrollte und ins Café ging. Begeistert malte sie sich und mir danach aus, wie schön es für ihn sein musste, die kalte, hässliche Straße zu verlassen, um im Café zu sitzen.

Geben macht reich und zwar nicht nur den Beschenkten. Wir haben uns an diesem Tag wie Könige gefühlt und ich hoffe, der Bettler ebenfalls. Vielleicht besteht ein Sinn im Leben einfach darin, kleine Spuren zu hinterlassen und Lebensfreude zu teilen, wo immer es geht.

Coaching to go

Praktizieren Sie die AHA-Formel im Alltag

Sie erinnern sich: Achtsamkeit, Haltung, Aktion. Üben Sie, einmal am Tag bewusst etwas Schönes zu entdecken. Achten Sie dazu darauf, was oder wer Ihnen heute begegnet. Zusätzlich achten Sie einmal am Tag auf Ihre innere Haltung, Ihre Einstellung zu dem, was Sie eventuell gerade ärgert oder herausfordert. Denken Sie an die Aktion und werden Sie einmal an diesem Tag aktiv, und sei es noch so unspektakulär. Heben Sie ein Stück Papier vom Bürgersteig auf und werfen es in den Müll, machen Sie jemandem Platz in der Straßenbahn oder grüßen Sie bewusst eine andere Person mit einem Lächeln. Alles kleine Aktionen, die Sie lediglich etwas Mut und Bewusstsein kosten.

Werden Sie außergewöhnlich

Ein Kunstgriff für mehr Lebensfreude und Sinn-Gewinn besteht darin, eine gewöhnliche Handlung auf außergewöhnliche Weise zu tun. Bringen Sie Überraschung in Ihren Alltag, indem Sie eine ganz normale Verrichtung auf andere Weise als sonst tätigen.

Steigern Sie Lebenssinn durch Lese-Sinn

Manche kluge Zitate oder Worte können uns inspirieren. Holen Sie sinnige Worte unmittelbar in Ihr Leben. Mit einem Kreidestift lassen sich Fenster wunderbar beschriften und später wieder mühelos mit Wasser von der Schrift befreien. Schreiben Sie Ihren Lieblingsvers, eine sinnige Frage oder ermutigende Zusage mit großen Buchstaben gut leserlich ans Fenster.

Wie wäre es mit folgendem Zitat von Gandhi, das Ihnen die Kostbarkeit des heutigen Tages immer wieder vor Augen führt: »Sei du selbst die Veränderung, die du dir wünschst für diese Welt.«
Oder Sie nehmen meinen Lieblingsspruch, den ich in Kanada gefunden habe: »Your time is your life, be wise!«

Wirksam werden

Hochgewachsen, offen und aufmerksam sitzt mir Ludwig Güttler, Trompeter, Dirigent und »Bettler« von Dresden, in seinem gemütlichen Arbeitszimmer in einer alten Dresdner Villa gegenüber. Sechzehn lange Jahre hat Professor Ludwig Güttler bis über den Rand seiner Kräfte ehrenamtlich für den Wiederaufbau der Frauenkirche in Dresden gearbeitet, mehr als 1500 Konzerte gegeben, unermüdlich Spendengelder akquiriert und Gönner und Geber ermuntert, ihren Teil beizutragen. Sechzehn Jahre hielt Güttler unbeirrt an der Vision des Wiederaufbaus der Frauenkirche fest. Ein Traum, den die meisten Menschen für völlig aberwitzig hielten. Er war der Kopf der gleichnamigen Bürgerinitiative. Der »Ruf aus Dresden« ging um die Welt und erreichte die Welt. Die Queen ernannte Güttler für das Werk der Versöhnung zum Ritter des Britischen Empire.

Die Frauenkirche ist letztlich viel mehr als ein architektonisches Meisterwerk geworden. Sie ist heute ein Gotteshaus, ein Wahrzeichen für den Aufbruch, eine Zuflucht für Menschen, die sich nach Neubeginn, Kraft und Vergebung sehnen, ein Ort, der mit Gottesdiensten, Musik und Vorträgen Brücken der Versöhnung baut.

In Güttlers Biografie lese ich, dass er bei der Eröffnung der Frauenkirche im Jahr 2005 emotional so bewegt ist, dass es einem Wunder gleicht, dass er überhaupt Trompete spielen kann.

Er ist ein Ausnahmekünstler von Weltruf, ein Liebhaber des Lebens, vor allem aber ein Sinnstifter, wie ich ihn mir nicht authentischer vorstellen kann. Deshalb habe ich ihn um ein persönliches Interview gebeten. Ludwig Güttler antwortet umgehend und bietet mir noch in der gleichen Woche 9 Uhr morgens einen Termin an.

Herzlich werde ich begrüßt und unmissverständlich macht er deutlich, dass Zeit eine Währung seines Lebens ist, die er sehr gezielt einsetzt. Wir haben 60 kostbare Minuten für unser Gespräch an diesem Frühlingsmorgen und ich bin mir unsicher, ob man so ein gewaltiges Thema wie die Frage nach dem Sinn unseres Lebens in dieses Zeitfenster packen kann.

Herr Professor Güttler, eine Beschreibung von sinnvoll leben heißt, die Aufgabe, die gerade ansteht, zu erfüllen. Was steht für Sie gerade an?
Aktuell packt meine Sekretärin das Material für heute Abend. Das Blechbläser-Ensemble wird unter meiner Mitwirkung das zehnte Bach-Festival in Arnstadt eröffnen. 800 Gäste freuen sich auf diesen Abend und ich mich auf sie und auf die Musik, für die ich mich als Mittler verstehe.
Sie fragen mich nach den Aufgaben, doch dahinter steht etwas Grundsätzlicheres. Was heißt denn anstehende Aufgabe? Eine Voraussetzung, um Aufgaben zu einer Lösung zu bringen, ist es, sich in den Dienst dieser Sache zu stellen. Was für eine Herausforderung steckt in der Aufgabe? Kann ich ihr gerecht werden? Brauche ich dafür Unterstützung oder gar Hilfe? Muss diese Aufgabe möglichst schnell bewältigt werden oder ist der Zeitraum unerheblich? Meine Erfahrung ist es, dem, was ansteht mit Demut zu begegnen. Ich darf der Sache dienen und meine Kräfte dafür einsetzen. Diese Denkweise ermöglicht mir die Erfahrung von Sinn. Was steht an? Die Leichtigkeit und zugleich die Tiefe der uns anvertrauten Musik nutzen, mich in ihren Dienst stellen, dabei lebendig bleiben und immer lebendiger werden.

Wenn wir annehmen, dass die Suche nach dem Sinn und der Tiefe des Lebens mit einem inneren Hinhören zu tun hat, dann ist Ihre Meinung als Musiker dazu interessant. Welche Bedeutung hat das Hören aus Ihrer Sicht für unser Leben?
Das Ohr ist extrem wichtig. Dies können wir auch aus der Musik entnehmen. Ich wünschte, alle Musikhochschulen würden der

Gehörbildung die Bedeutung einräumen, die ihr gebührt. Gerade im Miteinander – denken Sie an die Kammermusik – ist dieses Aufeinanderhören ausschlaggebend für die Qualität des Zusammenspiels. Gehörbildung bedeutet, dass ich etwas voraushöre. Erst dann kann mein Körper nachvollziehen, was ich gehört habe. Dann wird das Spiel intuitiv, einzigartig.

Wenn wir dies auf unser Leben übertragen, könnten wir alle gewinnen. Es ermöglicht uns in der Gesellschaft, in Familien und Beziehungen genauer hinzuhören, wachsam zu sein und dadurch besser zu kommunizieren und uns zu verbinden.

Bei einem Musiker von Weltrang muss jeder Ton sitzen. Wie gehen Sie mit Fehlern um?

Wenn ein Mensch weniger als fünfzig Prozent irrt, dann ist er schon mal auf der Siegerseite. Ich zitiere gerne Goethe, der sagte: »Je früher ich etwas für richtig halte, desto größer die Gefahr des Vorurteils.« Wir sollten uns vor vorschnellen Urteilen hüten.

Als Musiker stelle ich mir die Frage, was denn überhaupt ein Fehler ist. Ein Musiker muss ständig üben. Wo die Ausbildung aufhört, beginnt die Einbildung. So gesehen bin ich nie fertig und ohne Fehler. Fehler gehören dazu. Es gibt keinen Besitz an Können.

Nehmen Sie mit Freude wahr, was gelingt, und wenn Sie etwas stört, dann fragen Sie sich, warum das so ist und vor allem, ob und wie Sie es ändern können, wollen, ja vielleicht sollen und müssen.

Zum Ändern braucht man Zuversicht und vor allem Zeit. Wie wichtig ist ein guter Umgang mit Zeit für Sie?

Zeit und Kraft sind die Währungen unseres Lebens. Ich habe nicht unbegrenzt davon zur Verfügung. Also muss ich sie möglichst klug investieren. Das Gleiche gilt aus meiner Sicht für die Achtung vor der Zeit anderer.

Für mich bedeutet Pünktlichkeit eine Wertschätzung für mein Gegenüber und für das wartende Publikum. Es ist somit eine

Haltungsfrage. Zum Thema Zeit kann ich noch sagen, beim Instrument gibt es kein Morgen. Sie spielen jetzt und hier. Diesen Ton in dieser Form gibt es nur jetzt. Das macht ihn so kostbar. Gleiches kann ich von jedem Tag meines Lebens sagen. Andererseits brauchen manche Dinge viel mehr Zeit, als ich denke. Der Wiederaufbau der Dresdener Frauenkirche als Bauwerk dauerte 16 Jahre und da musste ich nach vorn auf die Vision, auf das Ziel sehen, um die Kraft zum Durchhalten zu gewinnen.

16 Jahre sind eine unglaublich lange Zeit, in der Sie gemeinsam mit anderen Engagierten an dieser Vision vom Wiederaufbau der Frauenkirche festgehalten und an deren versöhnende Kraft geglaubt haben. Wie schafft man es, trotz aller Widerstände nicht aufzugeben? Kommt diese Kraft durch die Sinn-Dimension?

Das Projekt Frauenkirche war ein Traum entgegen jeder Erfahrung und Vernunft. Es gab nichts Vergleichbares. Wie oft haben wir uns anhören müssen: »Das schaffen Sie nie!« Aber wir haben uns den Glauben nicht kaputt machen lassen. Wir, das war die »Bürgerinitiative zum Wiederaufbau der Frauenkirche«, in der sich engagierte Menschen 1989 für eine unmöglich scheinende Idee zusammengeschlossen haben. Wir hatten anfangs so ziemlich jeden gegen uns. Weder Landeskirche noch Politiker oder Denkmalschutz hielten den Wiederaufbau der Kriegsruine für sinnvoll und realisierbar. Doch wir waren überzeugt, wir schaffen das, wenn ihr uns dabei helft! Wir wussten in unserem Herzen, die Frauenkirche wird ein lebendiger Ort der Versöhnung werden und die Menschen berühren, die zu diesem Ort kommen. Sich als Teil eines umfassenden Versöhnungswerkes zu begreifen, das schafft kräftespendenden Sinn, der über das eigene Leben hinausreicht.

Zu sehen, dass so eine gewaltige Vision wahr werden kann, wenn Menschen gemeinsam einen Traum träumen, ist erfüllend. Sehen Sie als erfolgreicher Musiker einen Unterschied zwischen Erfolg und Erfüllung?

Erfolg ist aus meiner Sicht der Abschluss einer sinnvoll betriebenen, geglückten Bemühung. Erfüllung hat für mich mit Tun, Begegnung und Unterwegssein auf einem guten Weg zu tun. In diesem Sinne ist Erfüllung die Gewissheit, seine Begabungen am zutreffenden Ort ganz einbringen zu können.

Begabungen sind Gaben mit Verpflichtungscharakter. Es geht darum, diese Gaben zu entwickeln, zu nutzen und für andere einzubringen. Das Nichtentwickeln von Talenten bezeichne ich deshalb konsequent als einen Gestaltungsmissbrauch, eben durch das Unterlassen.

Wer nach dem Sinn im Leben sucht, begegnet unweigerlich der Frage: Wer bin ich jenseits von Macht, Status, Rolle und Geld? Gibt es einen Menschen und Mann Ludwig Güttler abseits der Trompete?

Hier sitzt er. (lehnt sich im Sessel zurück und lacht) Instrument bedeutet für mich als Musiker das Hilfsmittel. Die Trompete ist etwas, durch das ich mich ausdrücken kann. Ich bin nur ein durchschnittlicher Redner. Doch meine Schwäche wird durch die Trompete zur Stärke. Ich drücke es mit Worten des Apostel Paulus aus: »Meine Kraft ist in den Schwachen mächtig.« Ich bin durchlässig für die größere Kraft und die Musik ermöglicht es mir, diese weiterfließen zu lassen. Ich bin ein Mensch, der sich als Teil eines großen Ganzen begreift, und ich mache den Menschen, die mir begegnen, Mut, ihre Talente zu entdecken und an diese zu glauben sowie an den gerade hierdurch erkennbaren eigenen Schwächen zu arbeiten. Wer so lebt, erhält die Möglichkeit – nicht die Garantie – den Sinn seines Lebens zu entdecken und bewusst für andere da zu sein.

Professor Ludwig Güttler wurde durch sein Trompetenspiel berühmt, längst aber kennt ihn die Welt auch als Dirigenten und Musikforscher, als Festivalgründer, als Fürsprecher und Unterstützer des Wiederaufbaus der Dresdner Frauenkirche. Ludwig Güttler lebt in Dresden.

Schluss:
Mit Leichtigkeit
erfüllter leben

Gibt es nun eine Formel, die uns hilft, mit Leichtigkeit ein erfülltes Leben zu führen? Vermutlich nicht, doch es gibt eine Menge guter Spuren, denen wir folgen können, um unser Leben erfüllter, glücklicher, sinnvoller und reichhaltiger zu gestalten. Einige davon habe ich Ihnen in diesem Buch vorgestellt.

Sich wertzuschätzen, Beziehungen zu gestalten, zuversichtlicher zu denken, achtsamer zu leben, sich freudiger zu bewegen, Werte tatsächlich umzusetzen und beharrlich nach dem Sinn zu forschen – das sind meiner Ansicht nach sieben Wege, die Sie auf Ihre Weise nutzen können. Beginnen Sie einfach mit dem, was Ihnen leicht fällt und freuen Sie sich über jede noch so kleine positive Veränderung.

Wer hoffend nach Sinn und Erfüllung sucht, der hat bereits einen riesigen Schritt getan. Der kann für andere Menschen zum Wegzeichen werden. Dem ist es gelungen, nicht nur zu klagen, sondern sich zu bewegen. Ich bin mir sicher, dass solche Menschen dann auch tatsächlich Zusammenhänge finden, die ihnen das Leben lebenswerter machen. Jeder, dem es gelingt, sein Leben in etwas Größeres einzubinden – sei es die Natur, die Gesellschaft, die Familie, der Glaube an einen Gott, der das Leben in Fülle verheißt – wird Sinn entwickeln und daraus die Kraft gewinnen, Krisen besser zu bewältigen.

Lebe gut und lebe das Gute! Mit diesem Claim arbeitet der Patmos Verlag. Mir gefällt die Aussage derart gut, dass ich diese Worte als »Krönchen« und motivierenden Impuls an den Schluss dieses Buches stelle.

In diesem Sinn wünsche ich Ihnen, leben Sie wohl. Leben Sie mit Leichtigkeit. Vor allem aber leben Sie los!

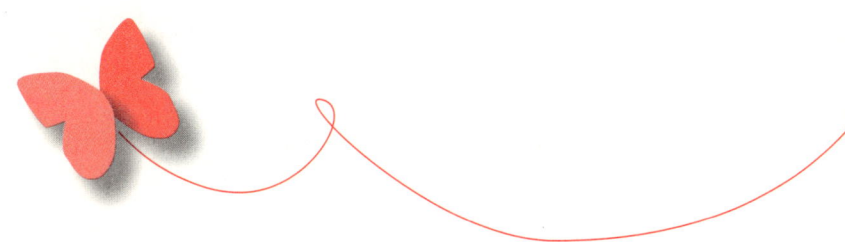

LITERATUR

Mitch Albom, Dienstags bei Morrie, Die Lehre eines Lebens, München [39]2002 | *Thomas M.H. Bergner,* Burnout-Prävention. Sich selbst helfen – das 12-Stufen-Programm, Stuttgart 2010 | *Christian Bischoff,* Selbstvertrauen. Die Kunst dein Ding zu machen, München 2014 | *Kerstin Bund, Glück schlägt Geld,* Generation Y: Was wir wirklich wollen, Hamburg 2014 | *Jan Thorsten Eßwein,* Achtsamkeitstraining, München [6]2012 | *Anja Förster/Peter Kreuz,* Hört auf zu arbeiten! Eine Anstiftung, das zu tun, was wirklich zählt, München 2013 | *Barbara L. Frederickson,* Die Macht der Liebe. Ein neuer Blick auf das höchste Gefühl, Frankfurt 2013 | *Anselm Grün,* Ein ganzer Mensch sein, Die Kraft eines reifen Glaubens, Freiburg 2006 | *Gudrun Happich,* Was wirklich zählt! Leistung, Leidenschaft und Leichtigkeit für Top-Führungskräfte, Heidelberg 2014 | *Stefan Klein,* Einfach glücklich. Die Glücksformel für jeden Tag, Frankfurt 2004 | *Stefan Klein,* Der Sinn des Gebens, Warum Selbstlosigkeit in der Evolution siegt und wir mit Egoismus nicht weiterkommen, Frankfurt 2010 | *Sylvia Koch-Weser/Geseko von Lüpke,* Vision Quest. Visionssuche: allein in der Wildnis auf dem Weg zu sich selbst, Klein Jasedow 2009 | Peter Kottlorz, Berauschend, schmerzlich und schön. Über die Liebe, Ostfildern 2012 | *Katja Kruckeberg,* Tausche Abendessen gegen Coaching, 40 motivierende Ideen für Gespräche unter Freundinnen, München 2013 | *Alfried Längle,* Sinnvoll leben: Eine praktische Anleitung der Logotherapie, St. Pölten/Salzburg [2]2011 | *Richard Louv,* Das Prinzip Natur. Grünes Leben im digitalen Zeitalter, Weinheim 2012 | *Elisabeth Lukas,* Der Schlüssel zu einem sinnvollen Leben. Die Höhenpsychologie Viktor E. Frankls, München 2011 | *Marco von Münchhausen,* Wo die Seele auftankt. Die besten Möglichkeiten, Ihre Ressourcen zu aktivieren, München [7]2006 | *Luise Reddemann,* Eine Reise von 1000 Meilen beginnt mit dem ersten Schritt. Seelische Kräfte entwickeln und fördern, Freiburg 2004 | *Ken Robinson,* In meinem Element, Wie wir von erfolgreichen Menschen lernen können, unser Potenzial zu entdecken, München 2010 | *Theo Ross*, Neue Philosophische Vitamine: So lass uns leben!, Köln 2007 | *Ulrike Scheuermann,* Wenn morgen mein letzter Tag wär. So finden Sie heraus, was im Leben wirklich zählt, München 2013 | *Wilhelm Schmid*, Gelassenheit. Was wir gewinnen, wenn wir älter werden, Berlin 2014 | *Brian Tracy,* The Power of Selfconfidence: become unstoppable, irresistible an unafraid in every area of your life, New York 2012 | *Nick Vujicic,* Mein Leben ohne Limits. Wenn kein Wunder passiert, sei selbst eins!, Gießen [10]2013 | *Rudolf Wötzel,* Über die Berge zu mir selbst. Ein Banker steigt aus und wagt ein neues Leben, München [8]2009

ANMERKUNGEN

[1] Frederickson, Die Macht der Liebe, 12 | [2] Frederickson, Die Macht der Liebe, 20 | [3] Frederickson, Die Macht der Liebe, 139 | [4] Bergner, Burnout-Prävention, 81 | [5] Frederickson, Die Macht der Liebe, 22 | [6] Albom, Dienstags bei Morrie, 23-24 | [7] Zitiert nach: Claudia Wüstenhagen, Das Geheimnis der Freundschaft, http://www.zeit.de/zeit-wissen/2011/01/Freundschaft, 5 (Zugriff 18.10.2014) | [8] Opaschowski, So wollen wir leben!, 113 | [9] Zitiert nach Nico Rose: Positive Psychologie, Fokus aufs Funktionierende, in: ManagerSeminare, Heft 194, Mai 2014, 44 | [10] Zitiert nach Eva-Maria Schnurr: Luft nach oben, in: Spiegel Wissen, Heft 3.13, Projekt ICH, 16 | [11] Robinson, In meinem Element, 37 | [12] Förster/Kreuz, Hört auf zu arbeiten!, 221 | [13] Fowler, J. H./Christakis, N. A., Dynamic spread of happiness in a large social network: longitudinal analysis over 20 years in the Framingham Heart Study. Quelle: http://www.bmj.com/content/bmj/337/bmj.a2338.full.pdf | [14] Michael Esser: Leidenschaft ausleben, in: Harvard Business Manager, April 2014, 48 | [15] Vujicic, Mein Leben ohne Limits, 11 | [16] Zitiert nach: http://www.wiwo.de/unternehmen/steve-jobs-

stanford-rede-bleiben-sie-hungrig-bleiben-sie-verrueckt-seite-3/
5332774-3.html (Zugriff 12.11. 2014) | [17] Alison Beard im Gespräch mit
Ellen Jane Langer: Das Leben besteht aus Augenblicken, in: Harvard Business manager, April 2014, 41 | [18] Ulrich Schnabel, Geistreiches Nichtstun, in: Zeit Wissen 3/2011, 68 | [19] Eßwein, Achtsamkeitstraining, 15 | [20] Zitiert nach: Henning Engeln/Jörn Auf dem Kampe,
Jedes Kind hat ein sportliches Talent, in: Geo kompakt 34/2013, 147 |
[21] Zitiert nach: Henning Engeln/Jörn Auf dem Kampe, Jedes Kind hat
ein sportliches Talent, in: Geo kompakt 34/2013, 151 | [22] von Münchhausen, Wo die Seele auftankt, 109 | [23] Zitiert nach: Nina Trentmann,
Fünf Dinge, die Sterbende am meisten bedauern, http://www.welt.
de/vermischtes/article13851651/Fuenf-Dinge-die-Sterbende-am-meisten-bedauern.html (Zugriff 12.11. 2014) | [24] Bund, Glück schlägt Geld,
56 | [25] Daniel Kahnemann im Gespräch mit Philip Wolff, http://www.
sueddeutsche.de/wissen/2.220/interview-glueck-durch-geld-ist-eine-illusion-1.593220 (Zugriff 12.11. 2014) | [26] Wötzel, Über die Berge
zu mir selbst, 432 | [27] Uwe Böschenmeyer im Gespräch mit Claus
Peter Simon, Leid kann zu tiefer Sinnerfahrung führen, aus: GEO
WISSEN 53/2014, Was gibt dem Leben Sinn, 134 | [28] Längle, Sinnvoll
leben, 121

BILDNACHWEIS
Foto der Familie Dulig: Uwe Tölle
alle anderen: privat

Einfach danke

DANKE

meiner großartigen Familie, die mich einmal mehr beim Schreiben bestärkt, mir Zeitinseln geschaffen, mich zum Lachen und in Bewegung gebracht hat. Ihr seid das Beste, was mir passieren konnte. Ihr macht mich einfach glücklich.

DANKE

meinen inspirierenden Interviewpartnern. Katja, Susann, Martin, Gudrun, Jan, Steve, Rudi und Herr Güttler – die Gespräche mit Euch und Ihnen waren für mich persönlich ein Gewinn und eine Horizonterweiterung.

DANKE

meinen Freunden. Ihr habt Eure Lebenserfahrung geteilt, Texte gelesen und kommentiert, mir wunderbare Schreiborte geboten, mich klug hinterfragt und damit die Tiefe der Gedanken und die Qualität des Schreibens verbessert.

DANKE

meiner Lektorin Andrea Langenbacher. Es war ein Vergnügen, mit Dir zusammenzuarbeiten. Deine Fragen und Beobachtungen haben Strukturen geschaffen und darüber hinaus mich selbst und den Schreibprozess beflügelt.

DANKE

an Sie, liebe Leserinnen und Leser. Sie haben dieses Buch gekauft in der Erwartung, dem guten Leben näherzukommen. Haben Sie Impulse bekommen und damit etwas erlebt?
Ich freue mich über Ihre Rückmeldungen, Anregungen oder eine persönliche Begegnung. Denn mit diesem Buch ist noch längst nicht alles gesagt und getan. Machen Sie doch einfach das gute Leben zu Ihrer persönlichen Angelegenheit und gönnen Sie sich einen inspirierenden Vortrag oder ein individuelles Seminar mit Beate & Olaf Hofmann.

Wie es weitergehen kann

KEYNOTES UND VORTRÄGE

Beate Hofmann überzeugt durch ihre Authentizität und strahlt neben aller Professionalität eine große persönliche Wärme aus. Bereits mit wenigen Sätzen begeistert und fesselt sie ihre Zuhörer und ermutigt diese, das Wesentliche in ihrem Leben zu entdecken.

In ihren Vorträgen erhalten die Zuhörer einen Überblick über das Gesamtkonzept des guten Lebens. Sie erfahren, wie Erfolg und Erfüllung zusammenhängen und was man konkret tun kann, um das Beste aus seinem Leben zu machen. Die fünf Elemente der Zuversicht und die AHA-Formel für mehr Sinn-Gewinn werden vorgestellt und an praktischen Beispielen deutlich gemacht. Damit gewinnt das Publikum direkt umsetzbare Impulse für eine wirksame Selbstführung und gelingende Lebensgestaltung.

>>Der Vortrag war ein voller Erfolg. Das hat man bei den Nachgesprächen gespürt. Lebensermutiger – den Namen hat Frau Hofmann zu Recht.<<
B. RIEGER, LEITERIN WERKSVERKAUF KAHLA PORZELLAN

Unterhaltsam präsentiert, verknüpft mit einer faszinierenden Lebensgeschichte aktiviert der Vortrag die Zuhörer. Diese sehen mehr Möglichkeiten aktiv zu handeln und werden den Reichtum ihres Lebens neu entdecken.

Beate Hofmann hält Vorträge allein und auch im Team mit ihrem Partner, dem Redner und Wildnisexperten Olaf Hofmann.

Buchungen und Anfragen:

Telefon: 035207-997162
office@hopeandsoul.com

MANUFAKTUR DES LEBENS

Manufaktur des Lebens steht für individuelle, hochwertige Seminare der hope & soul company.

Die Manufaktur des Lebens bietet den Teilnehmenden die Gelegenheit, in wertschätzender, konzentrierter Atmosphäre eigene Themen wirksam zu bearbeiten. Impulsvorträge, reflektierende Gesprächsmodule, vor allem aber praktische Übungen sorgen für eine Atmosphäre der Leichtigkeit, in der lösungsorientiert gearbeitet wird.
Mit Wissen, Leidenschaft und Geduld begleiten Beate & Olaf Hofmann die Teilnehmenden in diesem Tagesseminar. Sie stehen als Impulsgeber und Coach auf dem Weg zu einem zuversichtlichen und gelingenden Leben zur Verfügung.

Exklusiv, in einem kleinen Kreis mit max. 12 Personen und in ansprechendem Ambiente, haben die Teilnehmenden die Möglichkeit, aus dem Kostbarsten, was sie haben, etwas Einzigartiges zu machen – ein erfülltes Leben.
Nach dem Seminar werden Sie Ihr Leben kraftvoller gestalten können und erkennen, worauf es für Sie persönlich ankommt.

Anmeldung und Termine:

Tel.: 035207-997162
office@hopeandsoul.com
www.hopeandsoul.com

Mehr Informationen, Termine
und Zusatzmaterial zum Buch
unter www.erfüllterleben.de

Eine Familie lebt ihren Traum

Beate und Olaf Hofmann
Lockruf des Lebens
Unser Familiensabbatical in Kanada

Format 14 x 22 cm
224 Seiten, mit zahlreichen Fotos
Hardcover mit Schutzumschlag
ISBN 978-3-8436-0328-7

Beate und Olaf Hofmann gaben alle Sicherheiten in Deutschland auf, um sich zusammen mit ihrer zehnjährigen Tochter einen Traum zu erfüllen: als Familie ein Jahr lang und ohne Zeitdruck in der Weite des kanadischen Westens zu leben. Sie begegnen der Tatkraft alter Pioniere, den Gefahren der Wildnis und der eigenen Kraft. Sie finden Gold des Lebens, innere Stärke, Zuversicht, Zeit und neue Freunde.

Ihre Geschichte begeistert – und ermutigt, den Lockruf des Lebens nicht zu überhören. Egal, wie die eigenen Träume aussehen: Es lohnt sich, ihnen den Raum zu geben, den sie verdienen. Denn manchmal muss man anhalten, um sich vom Leben einholen zu lassen.

PATMOS
www.patmos.de

VERLAGSGRUPPE PATMOS

PATMOS
ESCHBACH
GRÜNEWALD
THORBECKE
SCHWABEN

Die Verlagsgruppe
mit Sinn für das Leben

Für die Schwabenverlag AG ist Nachhaltigkeit ein wichtiger
Maßstab ihres Handelns. Wir achten daher auf den Einsatz
umweltschonender Ressourcen und Materialien.

Gestaltung: Finken & Bumiller, Stuttgart, Saskia Bannasch
Druck: CPI – Ebner & Spiegel, Ulm
Hergestellt in Deutschland
ISBN 978-3-8436-0589-2 (Print)
ISBN 978-3-8436-0623-3 (eBook)